I QUADERNI DEL CIRCOLO

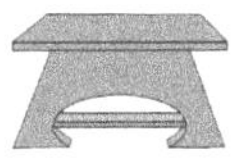

VITA DI

GIOVANNI CALVINO

DA LAURENCE LOUIS FÉLIX BUNGENER

EDIZIONE A CURA DI SERGIO FUMICH

ANDREANI
CIRCOLO CULTURALE ANTICONFORMISTA

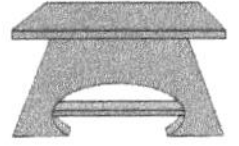

L'attività editoriale del Circolo Culturale Anticonformista "Andreani" è particolarmente diretta al recupero di vecchie pubblicazioni e documenti manoscritti che sono stati parte o danno testimonianza della cultura e della storia dell'Ottocento e del primo Novecento. Con la pubblicazione dei Quaderni il Circolo intende adempiere ai suoi scopi statutari che indicano come primo obiettivo il recupero e la valorizzazione della cultura locale nelle varie forme ed aspetti con cui nel tempo si è manifestata, la storia e le tradizioni della civiltà agricola che nelle diverse epoche ha arricchito il territorio, la storia della gente di Brembio e dei suoi legami con il circostante territorio lodigiano, con l'altra gente lombarda ed in generale con le vicende nazionali.

VITA DI GIOVANNI CALVINO

da Laurence Louis Félix Bungener

A cura di Sergio Fumich

Prima edizione nei Quaderni: Novembre 2013

Isbn 978-1-291-61150-2

ANDREANI
Circolo Culturale Anticonformista
Brembio

Il testo del libro *Vita di Giovanni Calvino*, scritto da Laurence Louis Félix Bungener, che qui viene riproposto è quello della prima edizione italiana per i tipi della Tipografia Claudiana di Firenze, pubblicato nella città toscana nel 1868. I motivi della pubblicazione allora dell'opera su Calvino del Bungener sono ben spiegati nella prefazione dell'editore e nelle conclusioni. "*Sono trascorsi quasi due anni* – scrive l'editore nella prefazione – *dacché pubblicammo per il popolo italiano la vita di Lutero, compendiando quella scritta da Giuseppe Adolfo Hoff: e il popolo italiano vi ha fatto buon viso, imperocché quella prima edizione italiana è quasi esaurita. Ora diamo alla luce la vita di un altro illustre riformatore, Calvino, compendiata pur essa su quella scritta dal rinomato Felice Bungener di Ginevra*", biografia che definisce "*la più imparziale e veridica di quante fino adesso si conoscono*". A tenere banco, per così dire, non è solo il successo editoriale, ma altro soprattutto è il motivo dell'edizione italiana come viene meglio esplicitato nella conclusione del libro: "*È la prima volta, dopo 300 anni e più, che si è pubblicata in italiano la vita di Lutero e di Calvino: l'anatema della Chiesa di Roma colpiva l'autore e il tipografo che avrebbero ardito darla alla luce e metterla alle stampe: e non a caso Roma fulminava la sua scomunica, e faceva di tutto perché il popolo non sapesse che quei due riformatori non erano diavoli come essa li dipingeva; non vi voleva altro che la liberazione dell'Italia dal papato perché si potesse, senza timore di prigionìa e peggio, pubblicare la vita dei due riformatori della Germania e della Francia*". E si aggiunge: "*Ora il popolo italiano da se stesso è in grado di giudicare se que' due uomini del secolo XVI meritano le atroci accuse e le villane ingiurie di cui sono stati fatti segno dai furibondi sostenitori del Prete di Roma; da se stesso può giudicare qual fu il vero movente che li spinse ad insorgere contro gli errori della Chiesa romana, da se stesso può vedere se questi due riformatori vollero distrutta la religione, o piuttosto liberare le coscienze dalla tiran-*

nia del papa e del prete, e purgare il Cristianesimo da tutte le sozzure di cui quella Chiesa lo aveva deturpato". Queste, dunque, le motivazioni prime. Da parte nostra, cioè del Circolo Andreani, si motiva la riedizione del libro, come quella già realizzata di altri titoli, nell'intento di contribuire nel piccolo a far conoscere anche al lettore contemporaneo, attraverso i testi originali, alcuni aspetti dell'Ottocento, secolo che ha visto nel bene e nel male la nascita del paese in cui viviamo, per meglio comprenderne le molte e variegate sfumature che costituiscono la sua realtà. Questo testo si affianca agli altri, già pubblicati o di prossima pubblicazione, come utile documento su un argomento di cui generalmente poco si conosce, eppure aspetto della società italiana d'oggi di non trascurabile peso.

Giovanni Calvino, o meglio Jehan Cauvin – latinizzato in Johannes Calvinus – nacque il 10 luglio 1509 nella città francese di Noyon, in Piccardia, dove il padre Gérard si era trasferito dalla vicina Pont-l'Évêque nel 1481. Il padre, Gérard Cauvin, già segretario di cancelleria, fu avvocato del vescovo di Noyon, poi funzionario delle imposte e ancora segretario del vescovo, col quale ebbe così gravi contrasti da essere scomunicato; morì nel 1531. La madre, Jeanne Lefranc, ebbe altri tre figli: il maggiore, Charles, che morì nel 1536 e, dopo Jehan, Antoine, che vivrà a Ginevra con il fratello, e François, morto in tenera età. La madre, Jeanne, morì nel 1515 e il vedovo Gérard si risposò, avendo altre due figlie, una delle quali, Marie, vivrà anch'essa a Ginevra con i fratellastri. Lascio al libro il racconto della formazione e della vita di Giovanni Calvino, qui mi limito ad un rapido cenno[1] sul contesto storico e religioso in cui si sviluppò l'opera del riformatore francese.

Per tutto il Medioevo europeo il clero riservò a sé il monopolio della cultura, prevalentemente di contenuto religioso, custodita in pochi manoscritti nelle biblioteche dei conventi. Contribui-

---

1 Si useranno in questa nota alcune annotazioni sulla vita e le opere di Calvino raccolte nella pagina web presente su *Wikipedia*.

rono a spezzare tale monopolio lo sviluppo di un'economia urbana, la formazione di una borghesia intraprendente e colta, nonché la creazione della tecnica della stampa che ebbe come decisiva conseguenza la diffusione di testi scritti. Con la stampa in tipografia il testo religioso poteva essere letto e meditato nelle biblioteche private, messo al vaglio della critica e dell'interpretazione laica e personale. La diffusione della cultura innescò il circolo virtuoso della formazione di un numero crescente di umanisti, spesso laici, che pubblicarono le loro ricerche, provocarono risposte dai loro lettori e suscitarono anche polemiche, allargando un dibattito culturale che non aveva altri confini se non quelli stessi dell'Europa.

Nel 1503 fu pubblicato e più volte successivamente ristampato il libro di Erasmo *Enchiridion militis christiani*, che rappresentò allora efficacemente quel nuovo rapporto che si era stabilito fra la cultura religiosa e i laici, e fra questi e il clero, e dava nel contempo risposta alle esigenze di riforma della chiesa, largamente sentite da tempo ma sempre nella sostanza eluse dalle gerarchie ecclesiastiche. Erasmo evidenziava che il problema della riforma della chiesa era senza distinzione competenza di tutti i credenti, così come il problema religioso apparteneva intimamente a ciascun individuo. La forma che la chiesa avrebbe assunto allora, sarebbe dipesa dalla retta comprensione del messaggio alla base della sua istituzione, il Vangelo e le altre scritture. Queste dovevano essere lette, dunque, nella loro espressione originale, senza le costrizioni di un'interpretazione imposta d'autorità. La diretta e personale conoscenza delle Scritture era, insomma, la premessa alla riforma della comunità dei credenti. Per i sostenitori del rinnovamento delle istituzioni religiose, la riforma della chiesa non poteva essere attuata dal clero stesso o soltanto da esso.

Le motivazioni di tale asserto erano fondate sulla scarsa considerazione verso il basso clero, di cui si riconosceva sì, attraverso la somministrazione dei sacramenti e la celebrazione dei riti, l'insostituibile funzione di supporto del credente durante la sua vita e nella morte, ma che era ritenuto troppo ignorante per un compito grave e complesso come una riforma. Dall'altra parte neppure l'alto clero era ritenuto idoneo, per la sua sostanziale indifferenza ai bisogni della comunità testimoniata da una costante assenza dalle diocesi, per la sua origine aristocratica e per i privilegi accumulati, che avrebbero costituito un conflitto d'interessi a fronte di una reale riforma.

Francesco I di Valois, re di Francia, grazie alla posizione di forza ottenuta con la vittoria militare di Melegnano[2], siglò a Bologna il 18 agosto 1516 un *Concordato* che gli garantiva il diritto di scegliere i vescovi della chiesa francese, i quali erano tenuti a giurare la propria fedeltà alla Corona. La scelta dei vescovi nell'ambito della nobiltà permetteva alla monarchia francese di creare una

---

2 Il 13 settembre 1515, nelle vicinanze di Marignano a sud di Milano, cittadina in seguito chiamata Melegnano, Francesco I a capo di un esercito francese e veneziano, si scontrò con l'esercito svizzero, corso a dar manforte a Massimiliano Sforza duca di Milano. La vittoria del monarca francese arrestò la politica espansionistica dei Confederati e garantì alla Francia il controllo del ducato di Milano. Grazie a questa vittoria inoltre, Francesco I costrinse papa Leone X alla trattativa per il possesso dei territori di Parma e Piacenza. La trattativa si svolse a Bologna, fu condotta dal cancelliere di Francia Antoine Duprat e si concluse con il *Concordato di Bologna* che sanciva la rinuncia da parte del papa ai territori in questione; l'abolizione, da parte del re di Francia, della P*rammatica Sanzione di Bourges* del 1438, un'ordinanza regia francese promulgata il 7 luglio 1438 da Carlo VII, d'intesa con il clero riunito in assemblea a Bourges, nella quale il re di Francia si dichiarava guardiano dei diritti della Chiesa di Francia; il diritto del re di Francia alla nomina di vescovi e abati, ai quali il papa si sarebbe limitato al conferimento dell'autorità spirituale, il che confermò il gallicanesimo. Con quest'ultimo termine si intende la dottrina politico religiosa che ebbe per oggetto l'organizzazione della Chiesa cattolica in Francia (la Chiesa gallicana) largamente autonoma dal papa. Essa, pur riconoscendo al papa un primato d'onore e di giurisdizione, ne contesta il potere assoluto, in favore dei consigli generali della Chiesa e dei sovrani nei loro Stati. Il suo opposto fu detto ultramontanismo.

sorta di rete di solidarietà contro eventuali ingerenze della potenza temporale del Papato, fortificata dal prestigio spirituale. Non solo, ma in conseguenza al patto siglato ogni conflitto religioso diventava un problema interno dello Stato francese, con la conseguenza che le rivendicazioni dei riformatori francesi si sarebbero dovute rivolgere non più al papa e alla Curia romana, ma direttamente al re. E l'avvisaglia dell'avversione a ogni ipotesi riformista e in particolare alle posizione luterane si ebbe ben presto, e tragicamente a Parigi l'8 agosto 1521, con il rogo dell'agostiniano Jean Vallière, il primo riformato condannato a morte nella storia del protestantesimo.

Ora, il libro del Bungener ci dà ampia informazione, oltreché sulla vita, sull'adesione di Calvino alla Riforma e sulla genesi delle sue opere, tra le quali posto di rilievo ha la sua *Institutio christianae religionis* pubblicata nel marzo 1536 con una lettera di dedica a Francesco I, nella quale Calvino difende l'evangelismo dalle accuse dei suoi nemici. L'opera, che inizialmente contava solo sei capitoli, ebbe nel tempo aggiunte e rimaneggiamenti che ne modificarono la struttura. Nel 1539 una seconda versione fu pubblicata a Strasburgo, ampliata a diciassette capitoli, con diverse modifiche rispetto alla precedente. Fu tradotta in francese nel 1541, per opera dello stesso Calvino. Sempre a Strasburgo nel 1543 fu pubblicata una terza edizione latina, che constava di ventun capitoli. Anche questa ebbe una traduzione francese, pubblicata a Ginevra nel 1545. La prima versione in lingua italiana, fu pubblicata a Ginevra nel 1557 e si riferiva alla edizione successiva del 1950, che costituiva un tentativo da parte di Calvino di dare una struttura più organica a tutta la materia. Infine Calvino pubblicò, sempre a Ginevra, nel 1559 l'edizione definitiva della sua opera e l'anno successivo, 1560, la traduzione francese. Nell'opera definitiva la materia trattata da Calvino è suddivisa in ottanta capitoli complessivi raccolti in quattro libri che trattano, rispettivamente, della conoscenza di Dio, della conoscenza di Cristo, dello Spirito Santo e della Chiesa.

Aggiungo poco altro su Laurence Louis Félix Bungener, l'autore del libro originale riproposto nella versione italiana pubblicata dalla Tipografia Claudiana di Firenze. Bungener, teologo e polemista protestante, nacque a Marsiglia nel 1804 da una famiglia originaria di Schweinfurt in Germania e morì nel 1874. Lettore della chiesa protestante, studiò teologia a Ginevra. Dopo la tesi di laurea, nel 1838, fu per cinque anni professore alla scuola di teologia dell'Oratoire, la chiesa evangelica ginevrina, e reggente del collegio, assicurando anche in quel tempo servizi religiosi a Ginevra e Divonne. Viaggiò molto, per istruire e predicare in Francia e all'estero. Predicò a Londra nella cappella reale di Marlborough House; ricevette i diplomi di dottore in teologia a Berna e a New York. Pubblicista di grande vitalità, fu autore ed editore di numerosi libri, scritti in francese ed in tedesco, tra i quali ricordo *Histoire du Concile de Trente*, del 1847, in 2 volumi; *Voltaire et son temps: études sur le dix-huitième siècle* del 1851; *Un sermon sous Louis XIV: suivi de Deux soirées à l'Hotêl de Rambouillet [mars 1644]* del 1853; *Julien, ou La fin d'un siècle* del 1854; *Trois sermons sous Louis XV* del 1854; *Lincoln. Sa vie, son oeuvre et sa mort*, Lausanne, Georges Bridel, 1865; *Saint Paul. Sa vie, son oeuvre et ses epitres*, del 1867; *Pape et Concile au XIXe siecle* del 1870.

VITA DI GIOVANNI CALVINO

VITA

DI

GIOVANNI CALVINO

PRIMA EDIZIONE ITALIANA

FIRENZE
TIPOGRAFIA CLAUDIANA
VIA MAFFIA, 33.

1868.

Sono trascorsi quasi due anni dacché pubblicammo per il popolo italiano la vita di Lutero, compendiando quella scritta da Giuseppe Adolfo Hoff: e il popolo italiano vi ha fatto buon viso, imperocché quella prima edizione italiana è quasi esaurita. Ora diamo alla luce la vita di un altro illustre riformatore, Calvino, compendiata pur essa su quella scritta dal rinomato Felice Bungener di Ginevra, da non molto pubblicata, e la più imparziale e veridica di quante fino adesso si conoscono!

Sebbene Calvino abbia arrecati più decisivi e mortali colpi alla Chiesa di Roma, pur nondimeno, non sapremmo dire il perchè, il di lui nome non è arme di spauracchio e di preteso obbrobrio usato dai preti e paolotti per intimidire i superstiziosi e gli ignoranti, come quello di Lutero: però gli si è fatta una guerra più sleale, secondo lo stile di Roma, per screditare lui e l'opera sua, da primo cominciata in Francia e poi compiuta in Svizzera, si è ricorso alle più vituperevoli calunnie, e prevalsi di uno scambio di nome e casato: ma tanta fu la inverecondia dell'accusa, che a gloria del vero, surse a difesa un papista, Giacomo Le Vasseur canonico di Noyon, e negli *Annali della Chiesa* di quella città mostrò all'evidenza come, quel Giovanni *Cauvin*, che voleva farsi passare per Giovanni Calvin, aveva commesso l'esecrabile peccato, ma era morto da buon cattolico: così la terribile arme della calunnia si spezzò nelle mani di coloro che la maneggiavano, e la memoria di Calvino è pura ed illibata, nè contaminata dal sozzo peccato.

Nella vita di Lutero abbiamo, direm così, mostrato Lutero con Lutero, seguendolo cioè passo a passo nello avanzarsi che egli faceva addentro le verità delle evangeliche dottrine, e nel rigettare a mano a mano che da queste veniva illuminato, gli errori della

Chiesa di Roma: è Lutero che ce le narra, e abbiamo veduto come le idee della riforma nascevano in lui e a poco a poco crescevano, come la luce rischiara nel suo avanzarsi tutti gli oggetti che sono attorno di noi. Non possiamo usare egual sistema per Calvino: egli di se stesso ha scritto poco, non molto curandosi di sé, ma solo di Colui al cui servizio egli si era intieramente dedicato: non pertanto la vita del Riformatore francese che andiamo compendiando, non lascia nulla da desiderare, e largamente fa conoscere quanto il già cappellano di Noyon ebbe a lottare e soffrire, quali pericoli cansare e quanto operò, e nulla risparmiò, per la predicazione del Vangelo e per la sua propagazione.

CAPO I.

Nascita di Calvino. Speranze che si concepiscono di lui. Suoi primi studi, e rapidi progressi. Cappellano a dodici anni. La peste a Noyon. Partenza per Parigi. E nel collegio De la Manche; poi di Montaigu. Lascia la teologìa, si dà alla legge. Va ad Orleans, poi a Burges: assiste alle lezioni di Pietro Stella, e Melchiorre Wolmar ; vi trova Pietro Boberto Olivetano. Suoi dubbi: li vince, è convertito alla Riforma.

Il 10 Luglio, altri dicono il 16, dell'anno 1509 nacque Giovanni Calvino a Noyon in Piccardìa di Francia. La famiglia Chauvin o Cauvin[3] traeva origine ed abitava nella piccola città di Pont-l'Eveque. Il padre Gerardo Cauvin lasciò il luogo natio e venne a stabilirsi a Noyon, ove esercitò come procuratore fiscale della contea, pronotaro del capitolo, e segretario del vescovo: e le più onorevoli e lucrose cariche di quel tempo, utili e giovevoli per un uomo carico di numerosa famiglia. Gerardo godeva la stima della nobiltà e del clero, e in specie del vescovo Carlo De Hangest.

La madre di Calvino, Giovanna Lefranc di Cambray, abituò il figlio fin dall'infanzia a tutte le pratiche della Chiesa romana: pensava già destinarlo al servizio della Chiesa: il fanciullo mostrava avervi vocazione: ma il padre, ponendo l'animo più ai vantaggi temporali che alla inclinazione, volle che Giovanni avesse un'accurata istruzione, poiché pensava che, una volta vestito prete, il berretto nero poteva convertirsi in mitra di vescovo o cappello cardinalizio. Gli ambiziosi presentimenti del padre, vennero giu-

3 Alcuni scrivono Chauvin, altri Cauvin: fu il Riformatore, che, latinizzando il suo casato, si firmò, Calvinus, in italiano Calvino: in alcuni scritti Calvino per non compromettere i suoi amici si firmò Alçuin, e Lucianus, anagrammi o trasposizioni delle lettere formanti i nomi di Calvin e di Calvinus, in italiano Alcuino, e Luciano, che dà luce.

stificati dai precoci progressi del giovanetto: posto nel collegio dei *Capettes*, mostrò naturale prontezza a concepire, e sveglio ingegno nello studio delle belle lettere: ma quel collegio non soddisfaceva le idee del padre: voleva che suo figlio ricevesse una educazione accurata e nel medesimo tempo aristocratica. Un parente del vescovo, il conte Mommor, faceva istruire i suoi figli nella propria abitazione da abili istitutori. Gerardo pensò che suo figlio potrebbe approfittare di quella istruzione: domandò e ottenne che Giovanni la ricevesse insieme con i figli del conte: la spesa era forte, relativamente ai mezzi di cui poteva disporre il padre: a provvedervi, chiese ed ottenne che il figlio, sebbene nella età di dodici anni, fosse eletto ad una vacante cappellanìa: la ottenne; pochi mesi dopo la nomina, Maggio 1521, ebbe la tonsura, che ricevè con emozione: raddoppiò nello studio, e due anni dopo, si pensò di mandarlo alla Università.

La peste si manifestò a Noyon: Gerardo temeva per il suo Giovanni: sapendo che i figli del conte Mommor andavano a Parigi per continuare i loro studi, pensò inviarvi pure il suo: ne chiese la autorizzazione al capitolo, avutala, mandò il figlio nella capitale della Francia: nei primi giorni dimorò dallo zio Riccardo Cauvin, di professione magnano: poi entrò nel Collegio *De la Marche*.

Reggeva quel Collegio il famoso Maturino Cordier: il professore conobbe nello scolare una mente elevata, foriera di grandi speranze: ne ebbe cura, gli fu solerte e premuroso maestro, ne diresse gli studi, Calvino gliene rese giustizia, lasciando scritto: “Se i posteri coglieranno qualche frutto dalle mie opere, sappiano che nella maggior parte lo debbono a lui”: e fu a lui che dedicò il Commentario sulla prima Epistola ai Tessalonicesi. Cordier fece gustare e apprezzare al suo alunno le opere di Cicerone, che ne imitò lo stile, e gli fu di onore. Ma non godè lungamente delle sue lezioni, gli convenne separarsi dal suo maestro per accudire a studi maggiori nel Collegio di Montaigu.

Seguiva i corsi della filosofia aristotelica: studiava indefessamente la teologia, ed era già per prendere gli altri ordini, quando il padre pensò che se Giovanni studiasse legge gli si aprirebbe una via a maggiori lucri di quello che facendo il prete, quindi gli impose di lasciare la teologia, e dedicarsi alla legge: di mala voglia, ma pure obbedì: egli stesso ci narra come il padre suo mutò consiglio. "Mio padre, egli dice, considerando che ordinariamente la scienza legale fa divenir ricchi coloro che la professano, a questa speranza affidato mutò opinione, mi fece lasciar lo studio della filosofia, e mi obbligò a quello della legge, alla quale sebbene intieramente mi applicassi per obbedire mio padre, pure Dio per la sua segreta provvidenza mi fece finalmente volgere ad altro lato".

Onde perfezionarsi nello studio della giurisprudenza, lascia Parigi, e sen va ad Orleans ove insegnava il famoso giureconsulto, Pietro Stella, che fu poi presidente del Parlamento di Parigi. Calvino fece rapidi progressi nei suoi nuovi studi: lo storico Remond ci dice: "Si distingueva fra tutti i suoi condiscepoli per una mente attiva, per la gran memoria, per la facilità e prontezza di apprendere le lezioni e afferrare i concetti del professore, per lo scrivere con gran facilità, purezza di lingua, pieno di argute e spiritose bizzarrìe".

Non appena trascorso un anno il discepolo era divenuto maestro: i professori lo incaricarono delle ripetizioni: le eseguiva con tanta lucidezza di parlare e con naturale modestia, che i suoi condiscepoli ne erano maravigliati, e non ne sentivano invidia.

A Burges, insegnava il diritto Romano, il famoso Alciato: Calvino vuol sentirlo, si porta in quella città: ha colloqui con il professore che resta maravigliato per la facilità con cui apprende nel difficile insegnamento dei Romano diritto. Ma Calvino, distratto per un momento dagli studi legali, aveva ricominciato a desiderare studi più confacenti alla sua inclinazione. Francesco I, per render rinomato lo Studio di Burges, oltre all'Alciato, vi aveva chiamato Melchiorre Wolmar, uno dei primi grecisti del tempo: egli insegnava il greco, nella scuola, su d'Omero, Demostene e Sofocle, in privato, su di un altro libro più importante e più possente di quelli, non molto conosciuto in quei tempi: Wolmar aveva veduto che quel libro nelle mani di Lutero, un paese intiero aveva cambiata, anzi purificata la sua fede: egli lo apprezzava grandemente, e diceva: "Contiene la risposta a tutti i problemi, il rimedio a tutti i mali, il riposo per le anime travagliate, dei dotti come del popolo ignorante".

Per togliere alla Riforma il pregio di aver richiamato allo studio della Bibbia e di averla pubblicata nella lingua del popolo, dai nemici dei riformatori si negava che non fosse conosciuta: si diceva, esistere stampata in Alemagna e in Francia prima della Riforma: si cercava così rendere vani tutti i lamenti dei Protestanti che divulgavano nascosta a bella posta dalla Chiesa romana: che che se ne dica, ogni ragionamento cede al fatto; e quando vediamo che a Lutero, a Calvino, a Zuinglio, e al popolo minuto al solo legger della Bibbia, cadono le scaglie dagli occhi, si sentono peccatori, e abbandonano la Chiesa di Roma, è prova manifesta che quel libro era stato loro fino a quel tempo nascosto, è una rivelazione nuova per loro che per la prima volta hanno avuta sulla terra. E se prima di quella scoperta nei casi detti di coscienza, la risoluzione veniva dalle Decretali e dai responso dei papisti, ora è la Bibbia che risponde a tutto: richiamarono in vigore le antiche consuetudini dei santi Padri, dei primi tempi della Chiesa, in ordine alle quali ogni disputa veniva definita con i Vangeli e con le lettere degli Apostoli.

Nello studio della Bibbia, Calvino ebbe un grande aiuto nel suo parente Pietro Roberto Olivetano, il famoso traduttore della Bibbia in francese; sotto di lui ne apprese lo spirito, e ne gustò la importanza, e le sue direzioni condussero la di lui mente a farne un serio esame, e a formarsene un concetto completo e definitivo; nello svolgere di questa vita, vedremo come Calvino forte della Bibbia, non attacca come Lutero, la Chiesa di Roma or su un tal punto, or su quell'altro, ma atterra tutto l'edifizio, ne innalza un nuovo con pietre già dalle di lui mani tagliate e preparate.

Obbligato a studiar legge, poco tempo gli resta da spendere nello studio cui la sua inclinazione lo trascinava, ma tenace nel suo proposito, le ore del sonno consuma studiando i santi Libri. E quando gli errori del Romanesimo gli furono da questi evidentemente dimostrati, nessun dubbio, nessun timore viene a distrarlo, a trattenerlo, nella via intrapresa; temerà esser rimproverato da Dio, se a nome dell'Evangelo non li abbatterà: degli uomini non si darà pensiero: una sola cosa rispetterà davanti al mondo, la verità: a questo nome sacrificherà tutto: con questo nome riporterà la vittoria.

Lutero fu condotto a dubitare della verità della Chiesa di Roma dal sentimento del proprio peccato, dalla impossibilità di trovare la pace dell'anima nell'adempimento delle infinite e stupide pratiche di quella Chiesa: ebbe molto a lavorare e contrastare con sé prima di trovare la pace che cercava, nel Vangelo: Calvino non dové subire il lavorìo di Lutero: egli, può dirsi, era solo, ma Calvino avea l'Olivetano, Wolmar: furono essi che gli svolsero la consolante dottrina della giustificazione per la fede: ma il conoscerla, lo apprezzarla non era tutto, bisognava accettarla, farsela sua, convincersene intieramente. Su questo terreno vi ebbe la lotta; pochi sono i dettagli che Calvino ci fa conoscere per mostrarci come egli ne rimanesse vincitore: solamente ci narra: “Era ben lontano dall'aver la mia coscienza tranquilla: tutte le volte che riflettева fra me, o che innalzavo il mio cuore a Dio, lo spavento mi assaliva e non vi era né purificazioni, né sastifazioni che potessero darmi la tranquillità. E quanto più me ne credeva vicino, tanto più la mia coscienza era angustiata, e non mi restava altro conforto che tentare di dimenticare tutto, e così cercare d'ingannare la mia coscienza”. Ma Dio ebbe pietà di lui: egli soggiunge: “Abbenché io fossi ostinatamente attaccato alle superstizioni papali, da essermi difficile e quasi impossibile trarmi da quel profondo pantano, Dio mi umiliò e dispose il mio cuore alla docilità per una immediata conversione". E la docilità di cui Calvino parla, fu per certo l'abbandono definitivo delle erronee credenze romane, sulla salvazione per le opere, per le pratiche religiose, credenza cara al vecchio uomo e che a rigettare definitivamente gli è sempre penoso: il vecchio uomo a male in cuore accetta la salvazione per la fede in Gesù Cristo.

Avvenuto questo cambiamento, il Vangelo si manifestò in tutta la sua chiarezza e potenza: la vocazione di Calvino fu decisa: il teologo vinse il giureconsulto, egli stesso ce lo narra, dicendo: "Ottenuta ed apprezzata la conoscenza della vera pietà, fui solamente infiammato dal desiderio di approfittarne, e se non avessi del tutto abbandonato gli altri studi, vi avrei accudito troppo leggermente". Ciò accadeva negli ultimi momenti della sua permanenza a Burges: ne fece subietto delle sue prediche, che ebbe commissione di fare nella cattedrale: ne destò la ammirazione e sorpresa di molti, fra cui il castellano di Ligneres che dopo averlo udito disse: "Mi pare che Maestro Giovanni Calvino predichi meglio dei frati, e che cammini nella buona via".

CAPO II.

Calvino a Parigi. Sua missione. Commento sul libro della Clemenza. Renunzia alla cappellanìa. Niccola Cop. Discorso di Calvino pronunziato nell'ottava di San Martino. Rabbia dei preti. Cop e Calvino fuggono. Calvino ad Angulemme. Amichevole accoglienza del Canonico Luigi Du Tillet. Lavori ad Angulemme. Gita a Nerac. Distinto ricevimento di Margherita di Valois. Contentezza del vecchio Lefevre d'Etaples nel vedere Calvino. Torna a Noyon. Converte alcuni della sua famiglia alla fede evangelica. Ritorna a Parigi. I Cartelli. Sdegno di Francesco I. Otto autodafé a Parigi. Calvino fugge. Va ad Angulemme, e con Du Tillet si rifugia a Poitiers. Missioni di Calvino. Va ad Orleans con Du Tillet.

Calvino abbandonò Burges, e tornò a Parigi, ove stette tre anni dal 1529 al 1532: abitava in casa del mercante Stefano De la Forge, uno de martiri della Riforma, abbruciato nel 1535. La casa di quel pietoso mercante fu la prima chiesa evangelica: in quella Calvino tenne le prime adunanze sul principio segrete, poi quasi pubbliche: uditori di ogni condizione accorrevano numerosi ad ascoltare il predicatore della Riforma, e ingrossavano la nascente Chiesa, che la persecuzione dei preti annegò nel sangue. Da quel momento Calvino ha deciso la sua missione, vi si consacra tutto, e nè pericoli, nè timori di tormenti, lo faranno tornare indietro.

Fu nell'anno 1532, con gran maraviglia degli amici della Riforma, che pubblicò un libro del tutto estraneo alle calde quistioni del tempo; un commento sull'opera di Seneca, *Della Clemenza*, libro di pura erudizione, un poco grave per la materia, ma elegante e nobile nella forma, e che riscosse molti elogi per la latinità e per la scienza di cui l'autore fa bella mostra. Si è voluto indovinar lo scopo che ebbe Calvino pubblicando quel libro: alcuni credono che di lui pensiero si fosse quello di dare consigli di tolleranza a Francesco I, il gran persecutore dei riformatori: ma né le sue opere né le sue lettere fanno parola alcuna di questo asserto disegno.

Verace e sincero predicatore del Vangelo, sentì che la sua coscienza non gli permetteva di appartenere ad una Chiesa di cui condannava le dottrine: e abbenché, rinunziando alla cappellanìa da cui traeva pingue rendita per largamente provvedere alla sua materiale esistenza, i mezzi per vivere si assotigliassero grandemente, pure non esitò un momento e renunziò alla cappellanìa. Altri riformatori non pensano uscire dalla Chiesa da cui dissentono, credono poterla trasformare: Calvino ha diverso avviso: egli si accorge subito che fra il Vangelo e Roma non vi era transazione possibile, e che la scure doveva esser messa alla radice: o con Lei, o contro di Lei: Calvino divenuto discepolo di Colui che aveva detto: — Chi non è meco è contro me, Matt. IX, 30, — non poté più stare nella Chiesa di Roma, che evidentemente è contro di Cristo.

La tempesta si addensava sulla testa di Calvino: egli la disprezzava, e più il bisogno lo esigeva più egli si mostrava: a cento a cento i popolani amici della Riforma venivano gettati in prigione. Egli continuamente e assiduamente li visitava e diceva loro: "La Chiesa come lo stato, se vuol vivere, deve esser fondata sul popolo". Grande verità che noi abbiamo veduto verificarsi: non sono più i re che tengono i popoli ma i popoli che tengono i re: il loro connubio è la esistenza della nazione.

Però Calvino non dimenticava che i dotti ed i potenti possono essere istrumenti per la diffusione del Vangelo: quindi pensò fare dei proseliti e fra questi e fra quelli: una delle sue prime conquiste si fu Niccola Cop rettore della università. Per l'ottava di San Martino, Cop dovea fare il discorso di apertura dell'Università, come si suole nel ricominciare degli studi; pregò Calvino di scriverlo: egli accettò e la orazione tutta si raggirò nel condannare la erronea credenza della salvazione per le opere e nell'esaltare la vera dottrina della salvazione per la fede. I professori della Sorbona ne furono turbati, il Parlamento prese a sè l'affare; Cop fuggì a Basilea, ma più di lui si voleva impadronirsi del vero autore della orazione, di Calvino; ma egli, sapendo che era decretato il suo arresto, fuggì travestito: da primo, andò al castello del signor D' Hazeville nelle vicinanze di Martes, poi a Saintonge da Du Tillet, e finalmente a Nerac ove Margherita regina di Navarra dava asilo a tutti coloro che erano perseguitati per causa di religione. La fuga però non fu precipitosa: dimorò qualche tempo nei luoghi summentovati, ed in ognuno di questi potè farvi dei proseliti alla Riforma.

Margherita di Valois, sorella di Francesco I, era una delle più stimabili e rispettabili donne del secolo: sebbene figlia di una perfida madre Luisa di Savoia, e moglie in prime nozze di un cattivo marito, il duca d'Alençon, nondimeno si mantenne irreprensibile, e da tutti rispettata, e non ostante che vivesse nella corrottissima corte di Francia: la Riforma la trovò pronta ad accettarla.

Dal 1521 leggeva la Bibbia che il devoto Le Fevre a lei spiegava: dopo la battaglia di Pavia poco mancò che non divenisse moglie di Carlo V: sposò in seconde nozze Enrico D'Albret, re di Navarra; fu valida protettrice dei primi riformatori, a qualunque nazione appartenessero.

Calvino incontrò a Nerac Le Fevre e Roussel, cappellano quest'ultimo della regina Margherita; ebbe a contrastar molto con loro per convincerli e persuaderli, essere impossibile riformare la Chiesa nella Chiesa. Le Fevre se ne convinse: Roussel no: diceva la messa e la regina l'ascoltava: messa curiosa se vuolsi, ma si chiamava messa: invece dell'ostia, si aveva il pane e vino, che tutti mangiavano e bevevano; non vi era elevazione né adorazione, né del pane, né del vino: ciò significava, non credere alla presenza reale; non si faceva parola né della Vergine, né dei Santi; era una messa che, nella sostanza simboleggiava il Cristianesimo evangelico, ma, nella forma, quello di Roma. Roussel aveva l'apparenza di esser sincero, ma quando accettò un vescovato, nacquero su lui forti dubbi, e dette a credere che amava meglio conservare un posto dignitoso nella Chiesa, che palesare di quella i molti e grossolani errori. Calvino volle punire la debolezza di Roussel dedicandogli il suo scritto, *I Nicodemiti*, nel quale prese a criticare coloro che, come Nicodemo, la notte vengono al Signore Gesù, ma il giorno sono Farisei e pagani; e sventuratamente in quei tempi, e nei nostri ancora, molti e molti furono, e sono, i Nicodemiti; la paura di morir di fame, di perdere un impiego, di essere sprezzati, e mostrati a dito è per loro una ragione o una scusa; dimenticano le parole del re profeta: "Non ho veduto il giusto abbandonato, né la sua progenie accattare il pane" (Sal. XXXVII, 25), e quelle più solenni e più esplicite di Gesù Cristo: "L'uomo non vive di pan solo" (Mat. IV, 4).

Calvino abbandona Nerac, e torna ad Angulemme. Alloggia presso Du Tillet; il clero gli fa buona accoglienza: ciò reca non poca maraviglia, scacciato come egli era da Parigi, e sotto il mandato d'arresto; per tre volte fu incaricato di fare il discorso d'apertura delle conferenze sinodali che si facevano nella chiesa di S. Paolo; non si sa qual soggetto egli trattasse, ma possiamo immaginarlo dietro le numerose conversioni al Vangelo che avvennero in quella città.

Du Tillet era fornito di ricca e scelta biblioteca; Calvino vi passava molte ore del giorno: si dice che ivi ordisse la tela delle sue *Istituzioni Cristiane*, che possono chiamarsi il Corano, o meglio il Talmud dell'eresia.

Nel 1534 fece una nuova visita a Noyon; in quell'anno emesse la definitiva renunzia ai due benefizi che godeva: uno a favore di Antonio De la Marliere, l'altro di un suo parente.

Abbandona Angulemme e torna a Parigi. La regina Margherita aveva ottenuto dal re suo fratello, che non si parlasse più del discorso dell'ottava di S. Martino; aveva ottenuto del pari che si lasciassero in libertà i Protestanti, ma per sotto la vigilanza della polizia; Giovanni Morin che anelava una vendetta, volle che non fosse tolta la spada di Damocle che pendeva sulla loro testa.

Fu a Parigi che Calvino conobbe lo Spagnolo Michele Serveto, il fanatico antitrinitario. Costui andava da una città all'altra per difendere e disputare sul suo libro della *Trinità*, che aveva stampato a Haquenau; a Basilea aveva sostenuta la sua tesi contro Ecolampadio; si portò a Parigi per fare altrettanto con Calvino; fu infatti fissato il giorno della disputa in una casa del subborgo S. Antonio, ma, si ignora la causa, Serveto non intervenne. Dopo diciannove anni Serveto e Calvino si riveggono a Ginevra, ma per l'ultima volta; il povero fanatico antitrinitario è abbruciato, come a suo luogo racconteremo.

Ma, prima di quel rogo, molti altri se ne vedranno accendere. I riformati godevano un'apparente tranquillità; era loro vietato predicare e scrivere; si voleva che andassero dimenticati; ma era impossibile: pubblicavano dei piccoli trattati, stampati su fogli grandi come gli avvisi o cartelloni; venivano affissi ai canti delle strade, alle porte delle chiese, e della Sorbona (Università). Ve ne erano dei blandi e semplici, spiranti tutto Evangelio; ve ne erano degli arguti e violenti, tutti pieni di controversia. I nemici della Riforma vedevano di mal occhio questa propaganda, e si misero attorno al re per strappargli un decreto di proibizione; ma, uomo di spirito, e faceto rappresentante delle futili lepidezze del suo secolo, vedeva con certo tal piacere distruggere le vecchie idee, ma le nuove non prendevano il posto di quelle, a tal che pendeva incerto fra le intercessioni della sorella, a cui voleva molto bene, e i feroci consiglieri nemici delle innovazioni, i quali, non potendo vincere il re con le persuasioni, ricorsero all'astuzia e all'inganno, e fecero affiggere per ovunque nel palazzo reale, e fino sulla porta della camera del re, quei cartelli. Il re se ne offese, gli parve vedervi una bravata, una sfida del partito che anelava la Riforma.

Era il 18 Ottobre 1534, e tutta Parigi si trovò inondata da cartelli, in testa ai quali si leggeva a lettere scatolari: *Articoli veri su-*

gli orribili e grandi abusi della messa papale. Vi erano dette le solite ragioni contro la presenza reale, ma esposte in modo che riuscì facile di farle credere al re come tante bestemmie. L'autore si tenne ignoto; mostrava la profanazione che si faceva nella messa del corpo del nostro Signore Gesù Cristo, e vi concludeva che dovevano bruciarsi tutti quelli che credono che esista il di lui corpo in un pezzo d' ostia, e lo lasciano esposto così ad esser mangiato dalle tignuole e dai topi; era scritto con tanta acrimonia ed animosità, che produsse in tutti effetto spiacevole, contrariamente, senza dubbio, all'intenzione del suo autore.

Il re credé, e gli si fece credere, che quello scritto conteneva gravissima offesa alla Divina Maestà, che non doveva lasciare impunita, insinuandogli, che offesa quella, si sarebbe scesi ad offendere la sua; si lasciò convincere, e forse fu in buona fede; commise a Giovanni Morin di vendicare il Re dei re, e fare una solenne espiazione della commessa offesa; furono imprigionati tutti coloro che erano sospetti di avere abbracciate le nuove idee, e stabilito che si farebbe una solenne processione per la città del corpo del Signore. Le prigioni furono piene zeppe di riformati e non riformati: molti ne uscirono liberi, molti per essere abbruciati.

Giunse il 20 Gennaio 1535, giorno destinato per la solenne processione: dalla chiesa di S. Germano l'Auxerrois uscì l'ostia, che i riformati giustamente ritengono per un pezzo di pasta, sotto un magnifico baldacchino, le di cui aste erano portate dai quattro primi personaggi del regno, il Delfino, i duchi d'Orleans, di Vendome, e d'Angulemme; veniva dietro il re, con il capo scoperto, e la torcia in mano, volendo così far credere al popolo che faceva onorevole ammenda per il regno di Francia. La processione entrò in S. Genovieffa, ove si celebrò una messa solenne; terminata, il re si portò all'arcivescovado, e salito sul trono, a bella posta preparatogli nella gran sala, circondato che fu dai clero, dai notabili, dal parlamento, profferì un discorso col quale concluse, che non avrebbe mai più accordata nè pace, nè tregua, a coloro che si separerebbero ed abbandonerebbero la religione dello Stato. "Ho veduto, egli disse, l'offesa fatta al Re dei re; la mala peste dei riformatori vuol distruggere la monarchia francese: mi duole che la buona città di Parigi, stata sempre il capo e l'esempio dei Cristiani, sia sozzata da questa peste; saremmo imputati di assurdità, se non cercassimo disperdere ed estirpare questa mala pianta". Comandò che fossero denunziati tutti coloro che vi appartenevano, fosse pur suo fratello e sorella, e terminò dicendo: "Io sono il vostro re, se sapessi che uno dei miei membri fosse infetto e contaminato da questo detestabile errore, non solamente vi autorizzerei a tagliarlo, ma anche se ne vedessi uno dei miei figli affetto, vorrei ucciderlo di mia propria mano".

E dai detti passando ai fatti: sei di coloro che erano stati imprigionati, presi a caso, furono in quel medesimo giorno abbruciati in sei punti differenti di Parigi; di questi sei il solo, che forse poteva dirsi colpevole, era Antonio De la Forge, l'ospite, l'amico di Calvino. Il re, uscito dall'arcivescovado, visitò i sei roghi, vi si trattenne un poco, a pregustare la morte di coloro che erano abbruciati; per eccesso di barbarie, il misero che doveva essere di spettacolo al popolo, si era legato in cima di una lunga antenna, e posta a bilico su altra orizzontale; il boia presentava il misero sulle fiamme e quasi subito ve lo ritoglieva, e ripeteva la crudele faccenda più e più volte, e fino a che non ne avvenisse la morte: il re, il popolo si dilettavano della maestrìa del carnefice; il martire non dava segni di debolezza, moriva lodando Colui che il re credeva di vendicare.

Così si apriva in Francia un periodo triste e lacrimevole, che non cessò se non dopo aver sacrificate migliaia e migliaia di vittime innocenti. Iddio pose alla dura prova i suoi, ed i suoi gli furono fedeli; ma, alla lor volta, i re persecutori comparvero innanzi a Dio, e scesero da quel trono che macchiarono di tanto sangue. I Borboni non regnan più in Francia, e non vi regneranno più: Dio è giusto.

In mezzo a tanti orrori e pericoli, Calvino non poteva vivere sicuro e tranquillo: obbligato a tacere, come inspirare coraggio ai deboli, illuminare i ciechi, dare impulso e far progredire la Riforma? Risolve abbandonare Parigi; va ad Angulemme dal suo amico Du Tillet; ambedue si dipartono da quella città, si fermano a Poitiers; conosciutasi la presenza di Calvino, nella città tutti i riformati, e sono molti, si riuniscono intorno a lui; ma debbono esser prudenti: non possono far pubbliche riunioni.

A poca distanza della città esisteva, ed esiste tuttora, una grotta che porta il nome di *grotta di Calvino*; colà si riunivano: sotto quella spelonca risuonò la parola del Riformatore, e fortificò nelle verità evangeliche i suoi affiliati; più d'una volta, una rozza e informe pietra fece da tavola per la Santa Cena; vi fu un ultimo addio, e da quella grotta ne uscirono molti missionari della Riforma; Vernon che restò a Poitiers, Babinot che andò a Tolosa, e Yeron a Saintonge. Da quel momento la Riforma francese è iniziata, Calvino ha tutti sotto di sé, egli ne è il regolatore, egli è quello che la farà progredire.

Le riunioni nella grotta non potevano continuarsi senza grave pericolo, Poitiers non era più un luogo sicuro per Calvino; abbandona la città col suo fedele Du Tillet, e si dirige verso Orleans.

CAPO III.

Calvino e Du Tillet ad Orleans. La Psicopannichia. Vanno a Basilea. Istituzione Cristiana dedicata a Francesco I. Fama di quest'opera. Calvino e Du Tillet vanno a Ferrara. Onorevole accoglienza fatta a Calvino da Renata di Francia. Successo del giovane riformatore a Ferrara. Ercole d'Este, marito di Renata di Francia, teme lo sdegno di Carlo V e del papa, ed impedisce alla duchessa di continuare a ricevere i proscritti per causa di religione. Calvino lascia Ferrara. Pericolo che corre. Predicazioni ad Aosta. Ritorna in Francia. Si diparte da Noyon, va a Ginevra.

Giunto che fu Calvino ad Orleans, pubblicò un libro in latino a cui dette il titolo di — *Psicopannichia*, — ristampato, e tradotto in francese spiegò quel titolo dicendolo: *"Trattato con il quale si prova che le anime vegliano, uscite che sono dal corpo, contro l'errore di alcuni ignoranti che credono che dormano fino al giudizio universale"*. Questo libro fece gran rumore, sia per il modo mordace con cui confutò gli errori di coloro che esso chiama ignoranti, quanto per la dottrina che in larga mano vi è ad ogni pagina sparsa; non solamente combatte le false opinioni degli Anabattisti , ma puranche di molti Padri della Chiesa, i quali avevano manifestate e tenute opinioni diverse dalle sue.

Abbandonò, sempre con Du Tillet, Orleans, e si condusse a Strasburgo. Si credeva in quella città come in un sicuro porto; son già tredici anni che quella città ha abbracciata la Riforma, e accolta la dottrina di Lutero, ma però lontana dal centro di quella, era stata in balìa di varie influenze, e passata per penose prove. Vi era Bucero, e faceva ogni sforzo per costituire una Chiesa ordinata, divota, vivente. Calvino da molto tempo in corrispondenza con lui, fu ricevuto ospite nella casa amica; il futuro riformatore della repubblica di Ginevra probabilmente dette a Bucero buoni e salutari consigli, e alla sua volta accolse buon frutto dalla di lui esperienza.

Credendosi più sicuro a Basilea, di quello che non lo fosse a Strasburgo, andò in quella città; Ecolampadio era morto, erano rimasti Capitone, e Simone Grynee, che lavoravano per la riforma, ed Erasmo che invecchiava nelle sue incertezze. Fu in quella città che ebbe le dolorose nuove di Parigi, e seppe le calunnie di Francesco I contro i riformati francesi; volendo quello sciagurato re amicarsi Carlo V, gli faceva credere che i condannati alle fiamme erano ostinati Anabattisti. Questa calunnia era propagata da certi librettacci pubblicati dai preti: Calvino ne fu indignato, vide la Riforma compromessa nel suo nascere, volle giustificarla, e lo fece in modo degno di lui. Due vie aveva innanzi a sé per difendere la gran causa davanti l'Europa tutta; l'una o l'altra che scegliesse, egli si sentiva la forza di percorrerle e giungere alla meta. Una di queste vie era la semplice apologia dei riformatori, l'altra l'esposizione della loro dottrina. La prima era facile a conseguirsi, la seconda più difficile, imperocché lo conduceva ad uno scopo più importante, più grande, non solamente alla giustificazione dei riformati e della Riforma, per quello che riguardava la loro dottrina, ma alla costruzione e alla consolidazione di un grande edifizio, del quale non aveva per anco del tutto raccolti e preparati i materiali per gettarne le solide fondamenta. Calvino si decise per questa seconda via, e fin da questo momento la storia riconosce in lui il vero riformatore. Non di rado accade che l'uomo di genio non è sempre quello che comincia un'opera, ma quello che la continua e la coordina. Si potrebbe anche dire che è sempre lui; sempre, invero, esaminando bene, si troveranno dei loro predecessori che appariranno aver trovata la via ed esservi entrati i primi. Lutero, non ostante la sua vigorosa e ardente iniziativa, nondimeno non fu che il continuatore di un'opera nascosta che da molto tempo si operava nelle menti e nelle coscienze degli uomini. Il suo ingegno s'impadronì dell'insieme, e fu sua precipua gloria lo averlo formulato. La gloria di Calvino non è dunque tanto differente quanto i suoi amici hanno creduto; la differenza non risiede, in ultima analisi, che nella diversa natura dei due movimenti che personificano in loro, il movimento alemanno in Lutero, in Calvino il movimento francese. Nondimeno in questo sono concordi, amici e nemici dei due grandi riformatori, di tener sempre uniti questi due nomi. Quelli stessi che, nei nostri giorni, han fatto di tutto per umiliare il riformatore francese fino a darsi l'aria, abbenché Cattolici, di amare il riformatore alemanno, non cessano, ne cessarono mai di parlare come il popolo, e dire: Lutero, Calvino, Calvino, Lutero.

Il monumento imperituro che Calvino innalza, e sul quale il suo nome risplenderà sempre, è *La istituzione della Religione Cristiana*, conosciuto volgarmente per *Istituzione Cristiana.*

Questo libro, pubblicato la prima volta nel 1535 o 36, sarà il lavoro di tutta la vita di Calvino, imperocché non cesserà di rivederlo e completarlo. Per ventiquattro anni ogni edizione renderà il libro più voluminoso, non sarà però come un edifizio a cui si aggiungono alcune stanze, ma come un albero che cresce liberamente, naturalmente senza che la sua unità sia menomamente compromessa.

La storia di questo libro ha nel suo nascere alcuni punti incerti. La prefazione in francese, diretta a Francesco I, ha la data del 1 Agosto 1535, e non pertanto la prima edizione conosciuta è del 1536, e in latino. Quindi, questione, non per anco risoluta: questa edizione del 1536, è veramente la prima, o ne era stata fatta l'anno avanti un'altra in francese? Sebbene questa, se ha esistito, non si conosca, tutti sono concordi nell'ammetterne la esistenza. La prima edizione francese ha la data del 1540; ma a quel tempo il libro era già grandemente ampliato.

Ma che cosa era adunque quest'opera nel 1536? Non altro, come Calvino stesso cel dice, "che, un piccolo manuale in cui era resa pubblica, accertata, la fede di coloro che vedeva diffamati". E questo piccolo manuale era un volume in 8° di circa 500 pagine, diviso in sei capitoli, aventi i seguenti titoli:

I. *Della Legge*, — Spiegazione del decalogo.

II. *Della Fede*. — Spiegazione del Simbolo apostolico.

III. *Della Preghiera*. — Spiegazione dell'Orazione Domenicale.

IV. *Dei Sacramenti*. — Il Battesimo e la Santa Cena.

V. *Dei Sacramenti*. — I cinque Sacramenti aggiunti dalla Chiesa romana, è dimostrato essere una falsità, un errore.

VI. *Della libertà del Cristiano*. — Potere ecclesiastico, amministrazione civile.

Non era dunque che un breve catechismo, ma questo catechismo conteneva in sé tutti gli elementi della parte immensa che la *Istituzione Cristiana* andava a prender nella Chiesa.

Il successo che ebbe questo libro fu prodigioso; tutti i paesi protestanti riconobbero, anche quelli di cui la fede era già officialmente riconosciuta, il bisogno di una confessione di fede, il desiderio che un libro, non solo la facesse conoscere al mondo, ma che anche contenesse tutto quello che era necessario per intenderla e difenderla. La *Istituzione* fu quel libro; esso dette alle nuove Chiese il definitivo concetto della loro legittimità, dei loro diritti e della loro forza. Esponendo con chiarezza concisa il Cristianesimo apostolico, un vigoroso appello alla Scrittura, un'imperiosa fermezza nel tracciare il limite fra le tradizioni umane e la verità rivelata, Calvino, in qualche modo, confermò con il sigillo di Dio tutto quello che aveva fatto la Riforma, e la lanciò stabilmente assicurata per conquistar tutto quello che al suo zelo si sarebbe offerto.

La prima edizione non aveva che sei capitoli; la seconda, pubblicata a Strasburgo nel 1539, ne aveva diciassette; quella del 1543, ventuno; e in quella del 1559, ultima e definitiva redazione, giungevano a ottanta. Non si possono enumerare le edizioni intermedie: fu tradotto in tutte le lingue; le edizioni francesi andavano di pari passo con le latine, l'ultima in quella lingua, e nella latina, è del 1559. Una breve prefazione che accompagna quest'ultima edizione, e che porta la data del 1 Agosto 1559, enumera le ragioni per cui l'opera è andata a mano a mano aumentando.

Dare di questo libro una completa analisi sarebbe allungare di troppo questo compendio, ma siccome in quello, può dirsi francamente, vi è la parte più importante della vita di Calvino, non possiamo fare a meno di darne ai nostri lettori una succinta idea.

Lo scopo del libro, o, se vuolsi, il problema da risolversi è questo: — Applicare regolarmente alla dommatica cristiana il principio della giustificazione per la fede, ridonato alla luce da Lutero, e riconosciuto come la sola , vera e possibile base di una *riforma* della Chiesa, nel più largo significato della parola. —

Calvino ha cercato e trovato la soluzione del problema, nel completo sviluppo della dottrina della salvazione, nel punto di vista della umana coscienza, messa a confronto delle quattro manifestazioni divine che debbono agire per lei, cioè, la rivelazione nel Padre, nel Figlio, nello Spirito Santo, nella comunione della Chiesa.

Da ciò la divisione dell'opera in quattro parti, che nelle prime edizioni si trovano confuse, ma che nelle successive furono separate e finirono col formare quattro libri: completa cognizione di Dio, e della sua opera creatrice, di Gesù Cristo e della sua opera redentrice, dello Spirito Santo e della sua opera rigeneratrice, della Chiesa, qual *corpo di Cristo*, come dice l'Apostolo, depositaria dei mezzi di grazia e salvazione, ma non di tal natura che essa possa salvare alcuno senza che egli abbia un nuovo cuore, rigenerato dallo Spirito Santo.

Il primo libro tratta adunque della cognizione di Dio, *considerato e ritenuto come Creatore e sovrano regolatore del mondo*: ma fino dalle prime pagine è a fronte della coscienza che l'autore si pone, e pone del pari noi. Il riassunto della vera scienza religiosa, egli dice, è che conoscendo Dio, ciascuno conosca pure se stesso; e nessuno d'altra parte conosce se stesso, fino a che non abbia contemplata la faccia di Dio, e, riguardatala, volga i suoi sguardi sopra se stesso. Ma che cosa è conoscere Dio? Non è mica scrutarne la natura, ma adorarlo, amarlo, temerlo. Le naturali cognizioni sarebbero bastate: il peccato le ha distrutte. È stata dunque necessario una rivelazione, un libro la contiene, imperocché è stato pur necessario che Dio "avesse i suoi autentici registri per depositarvi la sua verità, onde non si perdesse". Questi *registri*, qual testimonianza avranno della loro divina autorità? La Chiesa? No, ma lo Spirito Santo stesso, attesterà in ognuno di noi la verità della sua opera. "Non vi è vera fede se non quella che lo Spirito Santo pone ne' nostri cuori". Ecco la base della dommatica di Calvino.

Sette capitoli vengono consacrati a questi preliminari; l'ottavo contiene le prove apologetiche (in difesa) della verità della Bibbia; e in quelli che seguono sono risolute le questioni sulla spiritualità di Dio, del culto in ispirito, della Trinità, della creazione in generale, della creazione dell'uomo, delle sue originali facoltà, e dei suo primitivo stato: terminano il primo libro, tre capitoli sulla Provvidenza, e cammin facendo si pongono le basi della elezione, il di cui sviluppo è riserbato al terzo libro.

Il secondo libro ha per titolo: — *Della cognizione di Dio, in quanto che si è manifestato redentore in Gesù Cristo.*

I primi cinque capitoli parlano del peccato, imperocché nella teologia cristiana tutto dipende dal modo con cui si sarà considerata tal questione. Calvino insegna l'assoluta incapacità dell'uomo a fare da se stesso alcun bene; ma nel medesimo tempo insegna a non trarne le conseguenze che una logica d'interesse potrebbe farle dedurre. L'uomo incapace per sé stesso di risorgere, caduto che sia per il peccato, ha in Gesù Cristo un mezzo ammirabile, potente per ottenere la salvazione. È per prepararlo ad accettare questo mezzo che Dio gli ha dato la legge morale, legge che mai completamente osserverà, finché non lo convinca di peccato. Lo scopo di questa legge, la esposizione dei comandamenti che essa contiene, il nesso delle due alleanze, le loro somiglianze, le loro differenze, occupano cinque capitoli; e i cinque che seguono sono una completa cristologia; Gesù vero uomo, vero Dio, profeta, re, e sacrificatore, ha adempiuto con la sua morte l'opera della nostra salvazione. Un ultimo capitolo riunisce tutte le dichiarazioni della Scrittura che confermano e garantiscono l'adempimento di quest'opera.

Ecco la salvazione compiuta, ma fuori di noi: fin qui non è che un fatto istorico sebbene divino, e questo fatto potrebbe restare indefinitamente estraneo a noi. Come si troverà compiuto in noi, in ciascuno di noi?

È il subietto del terzo libro che porta per titolo: — *Del modo di partecipare alla grazia di Gesù Cristo, dei frutti che ne raccogliamo e degli effetti che ce ne derivano.*

Il *modo* è la fede. Ma se Calvino si fosse fermato alla fede, avrebbe fatto indietreggiare la questione. Esiste egli un legame, reale, effettivo, fra la fede e l'opera della salvazione operata da Gesù Cristo fuori di noi? No. È necessario un agente che metta in contatto le due cose: quest'agente sarà lo Spirito Santo. Sta dunque a lui a creare in noi la facoltà di possedere altra cosa che una nozione astratta e istorica della salvazione: è con Gesù stesso, l'autore della salvazione, che l'anima sarà messa in relazione, in contatto, o, meglio ancora, in comunione di vita. Così si approprierà ella non la idea, ma la sostanza stessa della salvazione.

Ecco dunque, nel medesimo tempo, la teoria e il gran precetto. La salvazione è il vivere in Cristo: non vi è salvazione per colui che non vive in Cristo. Ma se la fede, senza l'opera dello Spirito Santo, non conduce a nulla, non è meno necessario, perché lo Spirito Santo agisca in noi, che esso vada innanzi di questa onnipossente azione, o, per meglio dire, che lo Spirito Santo cominci per trasformarla in una forza, in una vita. Allora solo ella è veramente *fede*: fino allora non era che una semplice *credenza*.

E per questa medesima azione dello Spirito Santo che il ravvedimento diviene fecondo: senza di questo non sarebbe che un *cambiamento*, cosa tutta umana; è necessario che divenga una *rigenerazione*, cosa divina.

Così fecondati, dalla fede e dal ravvedimento, nasce la vita cristiana. Come si sviluppa questa vita? Calvino lo dimostra in cinque capitoli, che bastano a provare come una tal vita era in lui, reale, profonda, non ostante l'apparente sterilità della sua teologia e del suo cuore.

Ciò posto, e bene spiegato, la dottrina della giustificazione per la fede si trova completamente stabilita e non resta che a svilupparla, ciò che Calvino fa in otto capitoli, non senza mostrare, quando il subietto lo richiede, come la sua teorìa ha già risposto a tutte le obiezioni. La riprende poi in vista di una delle principali manifestazioni della vita cristiana, la preghiera: quel capitolo è uno dei più ricchi, uno dei più improntati del sigillo della cristiana esperienza.

Segue la difficile e pericolosa dottrina della predestinazione: in quel tempo era come un velo che si stendeva sulla teologia calvinista: ora è divenuto per molti una fitta tela.

L' esistenza del male, la salvazione di alcuni, la condanna di altri, le circostanze che avviano alcuni verso la salvazione, altri verso la perdizione: ecco i fatti, su cui in ogni tempo si è fondato questo problema. Come conciliare la prescienza di un Dio giusto con la responsabilità di un essere da Dio creato e che sapeva dover peccare e perdersi, e che Dio avrebbe potuto quindi, o non creare, o creare al difuori della possibiltà di peccare? La ragione non può nulla rispondere; la Scrittura, secondo che si apprezzeranno tali o tali altre dichiarazioni, fa pendere più o meno verso la divina sovranità, o verso la umana libertà, sola sorgente logica della responsabilità. Calvino, non dimentica che la logica è tutta cosa umana, che la logica è la ragione, e la ragione non può arrogarsi il diritto di giudicare Dio, quindi predica energicamente sulla responsabilità che ciascuno degli uomini ha, e sul bisogno di essere attivi, e di adempiere tutti i nostri doveri, di progredire nella via del Cristiano.

Il quarto ed ultimo libro parla della Chiesa: dei venti capitoli che formano questo libro, Calvino ne consacra dodici alla Chiesa propriamente detta (costituzione, amministrazione, disciplina), uno ai voti monastici, e sei ai sacramenti, l'ultimo al governo civile, considerato nei suoi rapporti con la Chiesa ed il governo della Chiesa.

Nella corta analisi che abbiamo fatto di questo libro non abbiamo parlato di controversia: ve ne ha molta, ma sempre al suo posto, e non mai fatta se non dopo dato l'insegnamento diretto: Calvino non demolisce per demolire, ma demolisce per ricostruire: comincia la sua fabbrica tracciando le sue linee, gettando i fondamenti, innalza quindi il suo edificio senza occuparsi di quello che guasta o abbatte. Dopo aver tutto compiuto, torna indietro, e mostra che quello che è caduto doveva cadere, che quello che non è per anco caduto dovrà cadere. Prima di impegnare il combattimento, pone le sue idee in modo che debbano essere accettate, e non possano esser messe in dubbio. Armato della Bibbia, non ammette di poter essere vinto; anche là ove impiega infelicemente l'arme divina, si è costretti a convenire che mai un uomo se ne è servito con maggiore convinzione e profondo rispetto.

Altro merito, e grande, di questo libro è la parte letteraria: lo stile è semplice, corretto, elegante, chiaro, pieno di forza, animato, variato; vi è perfezionata e arricchita la lingua francese, ornata di nuove ed eleganti forme: Calvino vi figura come grande scrittore e come grande filosofo cristiano.

Lo abbiamo detto, l'opera fu scritta da Calvino per mostrare a Francesco I, a questo perverso principe, a cui fu dedicata, le di lui enormità nel perseguitare i riformati, e fargli conoscere le loro dottrine: si legge infatti nella prefazione: “Mi è sembrato utile che questo libro serva d'istruzione per coloro ai quali mi era proposto di insegnare, e nel medesimo tempo di confessione di fede per te, o Sire, affinché tu conosca qual è la dottrina contro cui si sono spietatamente gettati coloro che col fuoco e con la spada conturbano il regno. So quali mendaci ed orribili rapporti hanno molestato le tue orecchie ed il tuo cuore, cioè che ad altro non si tende che a fare dei tuoi regni e governo tutto un fascio, turbare la pace, abolire le leggi. Io non chiedo adunque, senza ragione, che tu prenda intiera e vera cognizione della causa: e non credere che io faccia qui la mia propria difesa per impetrare il ritorno nel mio natio paese. Io faccio causa comune con tutti i fedeli, e con quella di Cristo, la quale oggi è talmente straziata e calpestata nel tuo regno, che sembra essere disperata; imperocché la potenza dei nemici di Dio ha ottenuto che la verità di Cristo sia nascosta e sepolta come ignominiosa, e la povera Chiesa sia o distrutta da morti crudeli, o insterilita da esili, o talmente spaventata da minacce e terrori che non ardisca profferire parola. E non pertanto nessuno si è fatto innanzi ad opporsi e difendersi contro tali furie infernali: e se sorge alcuno che sia disposto in favore della verità, dicono che si deve perdonare alla imprudenza e all'ignoranza dei semplici, così, chiamando imprudenza ed ignoranza la certissima verità di Dio".

Segue poi una rapida esposizione della dottrina riformata, la sola cristiana, che, egli dice, si riassume in queste parole: "La salvazione per Gesù Cristo, per Gesù Cristo solo". Quindi mostra chi sono coloro che accusano i riformati, e dice essere "il clero sollecito di preparare supplizi, che né vero zelo religioso non anima né scusa, ma il proprio interesse, e il proprio potere, di lui uniche divinità; i più rivoltanti disordini poco o punto lo commovono: quel che lo turba si è il minimo attentato che si porti a tutti quei guazzabugli di parole per cui vive e si alimenta la sua cucina".

Mostrati i suoi nemici, riporta le loro parole: "Dicono che la dottrina è nuova; sì è vero, ma per coloro a cui è nuovo l'Evangelo: dicono che si basa sul nulla; sì è vero, se nulla è il Vangelo: domandano quali miracoli la autorizzano. Eh! Tutti quelli che una volta han servito a confermare la divinità del Vangelo. Se la Chiesa romana si gloria di citarne altri, è perché ella ha bisogno di trovare un appoggio alle sue innovazioni: noi non sentiamo questo bisogno. Poi, e chi non sa quanto valgono i miracoli ed i facitori di miracoli del Papismo?

"Dicono che noi disprezziamo i santi Padri. Oh! Essi li rispettano, ma in modo ben singolare: quello che i santi Padri hanno detto conformemente al Vangelo, o lo trascurano, o lo dissimulano, o lo falsificano; quello che i santi Padri hanno detto in opposizione ai Vangelo, l'adorano, lo esaltano, e questi cari figli della Chiesa romana, afferrano il più piccolo errore, per essere autorizzati ad insegnarne dei più grandi. È falso dunque che noi disprezziamo i santi Padri. E perché disprezzarli? Sono i nostri migliori amici", e in comprova Calvino enumera quello che la Riforma ha preso dai santi Padri e dice: "È un santo Padre che stabilisce essere un'abominazione avere le immagini nelle chiese. È un santo Padre che nega nel sacramento della Cena, sotto la specie del pane e del vino trovarsi il corpo di Cristo. È un santo Padre che sostiene non doversi negare al popolo il vino che rappresenta il sangue del Signore sparso per la di lui salvazione. È un santo Padre che afferma essere temerità nelle cose dubbie e oscure non illuminarsi alle chiare ed evidenti testimonianze della Scrittura. È un santo Padre che ha sostenuto non doversi né potersi proibire il matrimonio ai ministri della Chiesa. È un santo Padre, e dei più antichi, che ha scritto doversi ascoltare solamente Cristo, e non quello che altri prima di noi avranno fatto o detto, ma solo quello che avrà comandato Cristo che è il primo di tutti": e dopo avere indicati in nota, i nomi di questi santi Padri, termina dicendo: "Mesi ed anni passerebbero, se volessi enumerare, come e quanto la autorità dei santi Padri è stata negletta e rigettata dagli obbedienti figli della Chiesa romana".

Scende quindi a parlare della Chiesa, intorno la quale gli premeva spiegarsi chiaramente col re: mostra che nella organizzazione non vi è nulla di politico, e neppure il minimo attentato al potere civile; respinge le accuse che la nuova dottrina sia causa delle turbolenze, e soggiunge: "È questo un segno certo per distinguere la vera Chiesa dalla falsa: i profeti, gli apostoli, sono stati sempre sotto questa medesima accusa. Gesù è stato crocifisso come sedizioso".

Ma tutte queste verità furono parole gettate al vento; Francesco I non lesse né il libro né la prefazione: ma, se egli non la lesse, molti la lessero e furono convertiti alla Riforma.

Fra quelli che con inesprimibil gioia accolsero la *Istituzione Cristiana*, si fu la duchessa di Ferrara Renata di Francia. Figlia di Luigi XII, morto senza figli maschi; se non era la legge salica, sarebbe stata la regina di Francia: e se la regina di Francia avesse avute le opinioni della duchessa di Ferrara, qual variazione non avrebbe subito quel regno? Ma lasciamo i punti interrogativi, che riguardano un passato irrevocabile: è lo stesso che domandare a Dio, e quasi rimproverarlo, perché non ha condotto le cose come noi avremmo desiderato.

Poco mancò che Renata non divenisse imperatrice: nell'età di tre anni era stata promessa sposa di Carlo d' Austria, il futuro Carlo V. La politica ruppe la promessa. Fatta sposa ad Enrico VIII, poi al marchese di Brandeburgo, Francesco I la maritò alla perfine ad un piccolo principe italiano, ad Ercole d'Este, duca di Ferrara, figlio della famosa Lucrezia Borgia.

Renata aveva diciassette anni: brutta di aspetto, ma la di lei anima era ammirabilmente bella; sapeva il latino, il greco, le matematiche: una squisita grazia faceva dimenticare la pedanterìa che ordinariamente si associa in una donna che si è data a questi studi; non dissimile da lei era il marito: amava come lei le arti e le lettere; ma era del tutto estraneo al movimento religioso. Ella aveva vissuto con Margherita di Valois, era imbevuta delle nuove idee, maturate già nel suo cuore, e influenzata da una vita pura, immacolata, e veramente pietosa. Il duca credé che non oltrepasserebbe l'atmosfera intieramente intellettuale e poetica nella quale si erano in Italia ristretti i nuovi bisogni religiosi di alcuni spiriti eletti. Le permise corrispondere con loro, e riceverli anche a corte. Un giorno vi giunse Carlo d'Espeville[4], e il duca non ignorava senza dubbio che Carlo d'Espeville era Giovanni Calvino di Noyon, l'autore della *Istituzione Cristiana*, probabilmente chiamatovi dalla principessa.

Sventuratamente mancano le particolarità di quest'epoca della vita di Calvino, periodo di non grande importanza è vero, ma però sarebbe curioso sapere quale effetto produsse su Lui il cielo d'Italia, la religione, il culto, le arti! È vero che già tutti conosceva gli errori della religione romana, e non aveva bisogno come Lutero di vedere, istruirsi e liberarsi da certi dubbi: l'Italia non poteva rimandarlo meno cattolico come Lutero, poiché non lo era più, e neppure riconquistarlo al romanesimo.

L'arrivo di Calvino a Ferrara fu festeggiato dalla duchessa e da tutti coloro che si erano rifugiati presso di lei: egli ebbe la contentezza di vedere quella pietosa donna fortificarsi nella fede, ed alcuni della corte convertirsi al Vangelo: fra questi è da rammentarsi Giovanni di Parthenay, signore di Sobisa, sua moglie Anna di Parthenay, Antonio Pons, e il barone di Mirambeau.

Ma se la presenza di Calvino in Ferrara era gradita per cotestoro, il duca ne era inquieto; gettatosi nelle braccia di Carlo V, temeva che la presenza di tanti Francesi rifuggitisi nel suo Stato gli procurasse qualche disturbo; ne tenne parola con la duchessa. Ella schermendosi diceva: "Mio caro, che vuoi che io faccia? Se Dio mi avesse data la barba, sarebbero miei sudditi, e lo sarebbero pure senza la malaugurata legge salica"; ma il duca insisteva: al timore di spiacere a Carlo V, si aggiungeva la paura di indisporre il

4 Calvino adottò questo pseudonimo nella fuga ad Angulemme e nel viaggio in Italia (1534-36), e l'usò ad intervalli fino all'anno 1563.

papa, che poteva togliergli Ferrara: il pontefice di mal animo vedeva quella città divenuta il sicuro rifugio degli eretici francesi.

Bisognò obbedire: tutti dovettero lasciare la città; Calvino con Du Tillet si diresse verso Basilea: abbandonando Ferrara, la corrispondenza con la duchessa non si ruppe, divenne anzi piuttosto attiva e continuò fino agli ultimi anni della vita di Calvino; l'ultima sua lettera porta la data del 4 Aprile 1564, morì nel 27 Maggio di quell'anno.

La corrispondenza di Calvino con la duchessa mostra quanto quella povera donna era angustiata, e da ogni parte vessata perché abbandonasse il Cristo, e di quante minacce e molestie fu passibile, da farla cadere nella debolezza di promettere qualche cosa che è rimasta incognita, ma che deve essere stato molto, imperocché la vediamo libera e non più rinchiusa nel castello d'Este che era stato convertito in di lei prigione. Il duca, ora con le preghiere, ora con le minacce, tentava indurre la moglie ad abbandonare la Riforma; riusciti vani i continui assalti, temendo che si realizzassero le minacce del papa, ne scrisse al re di Francia, Enrico II, chiedendogli che egli esercitasse sulla duchessa, e senza pietà, la sua autorità di re di Francia, e di capo della famiglia reale. Enrico affidò la cosa al famoso inquisitore Oriz, abile a sedurre, spietato a punire; il re dette queste istruzioni: "Esortare la principessa ad abbandonare le idee della Riforma; se fosse ostinata e pertinace ne' suoi maledetti e condannati errori, si pregasse il duca a toglierle i figli, e a rinchiuderla in un convento". Renata fu ostinata e pertinace; la sentenza fu eseguita, è rinchiusa nell'antico castello d'Este, invece del convento; gli furon tolti i figli che amorevolmente e cristianamente educava; non li rivide più, e al dolore della separazione si aggiunse il triste pensiero che coloro a cui erano affidati gli avrebbero insinuato di odiare la madre, e la fede nella quale li aveva istruiti. La duchessa resisté molto, ma finalmente cedé; s'ignora quando e a quali lacrimevoli condizioni.

Calvino ne fu grandemente addolorato; scrive alla duchessa:

una delicata carità gli fa nascondere rimproveri che divengono nel silenzio più pungenti, ed esortazioni che taciute sono più possenti; fa credere di non saper nulla, ma d'indovinarlo; le scrive: "È cattivo segno, che coloro che ti facevano accanita guerra per distoglierti dal servizio di Dio ti lascino in pace e libertà. Il diavolo ha tanto trionfato che noi siamo stati costretti a gemere e abbassare la testa, e non indagare più oltre; ma il nostro buon Dio è sempre pronto a riceverci per la sua misericordia, e quando siamo caduti, ci stende la mano; fatti coraggio, pensa che Dio, quando umilia i suoi non vuole confonderli per sempre: questo dolce pensiero ti farà sperare in Lui, onde comportarti meglio in seguito. Invocalo, confidati in Lui, egli è potente per soccorrerci nelle nostre debolezze".

Nel 1560 la duchessa restò vedova; ritornò in Francia, ove il suo genero, il duca di Guisa, il feroce persecutore dei Protestanti, le offre metterla a parte del governo. Calvino indovina che la offerta doveva essere accompagnata da vili condizioni. Da quali? Le ignora, ma le suppone, e perciò scrive alla duchessa: "Abbenché dura fosse la prigionia a Ferrara, divenir libera per accettare transazioni e cadere in debolezze, sarebbe liberarsi da un pericoloso abisso, per trovarsi in uno peggiore e più profondo. Se la grandezza e la gloria del mondo ti impedisce di avvicinarti a Dio, ti tradirei facendoti credere che il nero è bianco. Se sei decisamente risoluta di condurti con franchezza e con altra magnanimità di quello che non hai fatto fin qui, ti pregherei di gettarti nel gran vortice degli affari che ti si offre: ma se è per dire *amen* a tutto quello che è condannato da Dio e dagli uomini, non so che dire, se non che di guardarti dal cadere dalla febbre nella infiammazione. Io non dico che tu non debba profittare della libertà che la morte di tuo marito ti ha reso, ma che tu debba usarne per servire Dio, e percorrere la via dritta che mena a lui. Checché ne sia, se è per troppo languire, e se tu non hai pietà di te, temo che troppo tardi cerchi il rimedio a tanto male. Oltre quello che Dio ti ha da molto tempo mostrato nella sua Parola, l'età ti avverte a pensare che la nostra eredità non è qui sulla terra, e che Gesù Cristo vale molto più da farti dimenticare e Ferrara e Francia".

Queste parole non furono perdute. La duchessa tornò in Francia, ma tutt'altra di quella che i Guisa credevano e da quel momento non ha altro pensiero che Gesù Cristo. Nel 1561 chiede a Ginevra un ministro, e le si manda Francesco Morel. Nel 1562 è fra gli assediati a Montargis. Nel Gennaio 1564, tre mesi prima di ricevere l'ultima lettera sopra riportata, l'austero Calvino, scherza con lei, scrivendole: "È tanto che avevo voglia di mandarti in regalo una moneta d'oro. Vedi quanto sono ardito..., ho detto al latore della presente di mostrartela, e, se è cosa nuova per te, compiaciti accettarla; è il più bel regalo che ti possa fare. "Era la medaglia d'oro fatta coniare da Luigi XII, padre della principessa, al tempo delle sue contese con il Papa. Sebbene Cattolico e divoto, Roma lo aveva costretto a dichiararsi contro di lei come avean fatto altri, per causa delle sue tiranniche esigenze, e la medaglia prometteva niente meno che la distruzione di un potere divenuto odioso ai buoni ed ai cattivi principi: l'esergo portava scritto: *"Perdam Babylonis nomen"*, "Sterminerò a Babilonia il nome" (Is. XIV, 22). Renata gradì il dono, che era una specie di testamento politico di suo padre; rispose a Calvino: "Il regalo che mi hai mandato, te ne assicuro, l'ho ricevuto molto volentieri, e mai ne ho avuto uno più caro di questo. Ho reso lodi a Dio perché il mio defunto padre ponesse nella medaglia quelle profetiche parole. Se Dio non gli ha accordata la grazia di adempierle, ne è riserbato il compimento a qualcuno dei di lui successori".

Renata sopravvisse a Calvino, e si mantenne fedele alle di lui esortazioni. Montargis fu una delle cittadelle del protestantismo, il rifugio di tutti i Protestanti perseguitati. La notte di San Bartolommeo, Renata era in Parigi; fu testimone del massacro; tornò al suo castello, che aprì ai fuggitivi di quella nefasta notte; morì tre anni dopo, ed il suo testamento è una delle più belle pagine da citarsi nella storia della carità protestante.

Renata ci ha fatto sorvolare dal 1536 al 1575, anno della di lei morte; dobbiamo tornare indietro e riprendere l' interrotto racconto su Calvino. Lo abbiamo lasciato che, abbandonata Ferrara, si era diretto a Basilea. Du Tillet è con lui; desta gravi timori a Calvino: Du Tillet si credeva convertito al Vangelo; lo era forse, ma non intieramente; segue volentieri Gesù Cristo, ma non vuol portarne la croce; quando si è così, gli scrupoli vengon presto, s'intende bene gli scrupoli che fanno comodo, quelli che coloriranno e pur anco simuleranno la ritirata. Du Tillet non crede più come Calvino alle dottrine e insegnamenti del romanesimo, ma pensa alla Chiesa, e fa questo ragionamento: "Sia pure la Chiesa nell'errore e corrotta, ma è sempre la Chiesa la madre dei fedeli, la sposa di Gesù Cristo"; esso è come molti dei nostri giorni, i quali veggono gli errori, le abominazioni della Chiesa romana, ma non sanno distaccarsene; quindici secoli di storia non gli bastano; ciò è perché non hanno Cristo nel cuore, o se ve lo hanno, sono come Du Tillet, non vogliono portarne la croce.

Calvino e Du Tillet, abbandonata Basilea, si erano rifugiati a Ginevra; corre l'anno 1537, Calvino si accorge che il suo amico non è più quel di prima: tristo, pensieroso, ha il male del paese; gli torna alla mente il suo presbiterio, e i comodi che gli offriva..., la sua libreria. Calvino rinfranca e conforta l'amico; gli rammenta: "Niuno il quale messa la mano all'aratro riguarda indietro, è atto al regno di Dio" (Luca, IX, 62). Queste parole pronunziate con forza, scuotono Du Tillet; un giorno sparisce, e poco dopo una lettera annunzia a Calvino che egli è ritornato al romanesimo.

Calvino risponde, ma non usa parole amare; una sola cosa lo tormenta, ed è il timore di avere con la sua austerità contribuito in qualche parte alla risoluzione di Du Tillet; lo prega a perdonarlo: e, per mostrargli che lo ritiene sempre per amico, gli narra i suoi dispiaceri in Ginevra, l'esilio a Basilea e a Strasburgo, nella qual città con impazienza aspetta quello che il Signore vorrà fare di lui. Du Tillet risponde, e si sforza di far credere che tutte queste contrarietà e persecuzioni sono avvisi del Signore per indurlo a tornare nella Chiesa che ha abbandonato. Calvino replica umilmente, ma con fermezza, e termina la sua lettera dicendo: "È davanti a Dio che aspetto la sentenza di tutti i savi, i quali pensano che le loro superbe parole debbano avere un gran peso per la nostra condanna".

Abbiamo veduto Calvino obbligato a lasciare Ferrara, non ostante la protezione della duchessa Renata. Il Muratori racconta che la Inquisizione s'impadronì di lui, ma che, come Lutero, una mano amica lo tolse agli sgherri del tremendo tribunale; il fatto è registrato nella Storia d'Italia, anno 1536 in fine, con queste parole: "Secondo l'annalista Spontano, nell'anno precedente, venuto a Ferrara l'eresiarca Giovanni Calvino, sotto abito finto, talmente infettò Renata, figlia del Re Lodovico XII, e duchessa di Ferrara, degli errori suoi, che non si poté mai trarle di cuore il bevuto veleno. Ma nel presente anno, veggendosi scoperto, questo lupo, se ne fuggì a Ginevra. Vengo assicurato, da chi ha veduto gli atti della Inquisizione di Ferrara, che sì pestifero mobile fu fatto prigione; ma nel mentre che era condotto da Ferrara a Bologna, da gente armata fu messo in libertà. Donde fosse venuto il colpo, ognuno facilmente lo immaginò".

Molti dubitano della verità di questo fatto riportato solamente dallo storico modenese sulla testimonianza del cronista Spontano: checché ne sia, Calvino obbligato a fuggire da Ferrara, si crede che visitasse Modena, Saluzzo e Pinerolo. Si fermò per qualche tempo in Aosta, ove ricevé cristiana ospitalità dalla famiglia Yaudan nel loro castello, che per questa dimora ebbe il nome di *Villa di Calvino*, nome che anche attualmente ritiene: la riforma aveva da qualche tempo preso piede nella Valle, e molti erano stati vittima della tortura e del fuoco, pur nondimeno Calvino poté restarvi alcuni mesi e predicarvi la pura fede del Vangelo: ma la assemblea degli stati della provincia, aizzata dai preti, nel Febbraio

1536, inveì contro gli innovatori e ordinò l'arresto dei loro capi: avvisato Calvino che sarebbe preso, l'otto marzo fugge; molti de' suoi lo seguono; temendo essere arrestato se prende la via del San Bernardo, giunge per vie disastrose al colle della Duranda, e si fa un passo per le strettissime gole del Vallese, che prende il nome di *Finestra di Calvino.*

La fuga di Calvino da Aosta fu ritenuta come una liberazione dalla peste eretica, e volle perpetuarsi cinque anni dopo con un monumento che tenesse viva la memoria di tanto avvenimento; il monumento fu eretto sulla piazza del mercato, vicino alla porta che conduce al San Bernardo: esiste anche attualmente e si legge questa inscrizione: *Eretto per rammentare la fuga di Calvino avvenuta nell'anno MDXLI. Perseverando la vera religione fu restaurato nell'anno MDCCXLI. La munificenza dei cittadini lo restaurò e adornò nell'anno MDCCCXLI.*

Se tre secoli e più un monumento ricorda la fuga di Calvino d'Aosta, una Chiesa Evangelica eretta a poca distanza da quello rammenta che non invano il Riformatore francese predicò in quella valle la pura dottrina del Vangelo.

Calvino è a Noyon: sorprende come viva tranquillo nella nativa città, mentre nel 1534, fu obbligato a fuggire dalla Francia: checché ne sia, è un fatto che vi si trattenne non poco tempo: sistemò i suoi affari, e convertì al Vangelo il giudice De Normandie: nell'Agosto 1536 abbandona per sempre quella città, conducendo seco la sorella Maria e il fratello Antonio: voleva portarsi a Basilea passando per la Germania, ma accesasi la guerra fra Francesco I e Carlo V, teme dei soldati che occupano la Lombardia; prese la via di Francia, e negli ultimi giorni di quel mese è a Ginevra.

CAPO IV.

Farel visita Calvino: lo convince a restare a Ginevra. Calvino commenta la Scrittura nella chiesa di S. Pietro. Confessione di fede di Farel e Calvino proposti ai Ginevrini. Catechismo per le scuole. Disputa con gli Anabbattisti. I Libertini. Tumulti nelle prediche di Pasqua. Calvino è esiliato da Ginevra. Va a Berna. E chiamato a Strasburgo. Vi spiega la Scrittura. Lettera del Sadoleto ai Ginevrini. Risposta di Calvino. Si desidera che Calvino torni a Ginevra. Sue incertezze: aderisce. Suo ritorno in quella città.

Il dito di Dio è nella storia, è per tutto: per tutto, e per coloro che sanno vederlo, chiaramente si manifesta. Ma la storia ha delle pagine in cui, a meno di non esser ciechi, è impossibile che non si vegga. Noi scriviamo una di queste pagine. Calvino giunge a Ginevra per riposarsi un giorno o due dalla fatica di un lungo e disastroso viaggio, e invece diviene per quasi trenta anni il legislatore, il padrone di quella città, e non solo se ne rende padrone, ma ne fa la capitale di uno dei più grandi imperi che siano esistiti al mondo, la capitale di un'idea, come dice un famoso storico, rigeneratrice di un popolo, di una Chiesa, di un secolo.

La Chiesa, meglio, gli uomini di Chiesa, dominavano in Ginevra: si erano fatti è vero col potere civile delle convenzioni dette *Franchigie* che definivano alcune attribuzioni dei due poteri, ma erano debolmente osservate : il vescovo, il clero, dominavano da despoti, e siccome ove è il dominio dei preti, ivi esiste la corruzione, l'ozio, la ignoranza, la ingiustizia, gli arbitri; ogni disordine nasceva ed era alimentato dal clero, con grave dispiacere del potere civile, ciò che dava origine a continui contrasti, lamenti, e recriminazioni.

In mezzo a tanta corruzione, di tempo in tempo sorgeva alcuno e alzava la voce per condannare tanta immoralità, ma veniva soffocata da forsennate grida e dalle fiamme che imponevano silenzio. In mezzo a sì tristi tempi sorsero due coraggiosi, Viret e Farel, a far sentire le verità evangeliche.

Le fatiche, i pericoli, i timori, fatti passati, e sofferti da Farel per la riforma francese, si collegano tanto con il tempo della vita di Calvino che andiamo a narrare, che non possiamo fare a meno di spendere alcune parole per far conoscere a' nostri lettori, quell'uomo a cui tanto deve la Riforma in Svizzera ed in Francia.

Farel nacque in un piccolo e povero villaggio di Francia, Fareaux, nelle vicinanze di Gap. A 29 anni abbandonò il nativo luogo ed a piedi si condusse a Parigi per compiere i suoi studi: fu scolare di Giacomo Lefevre d'Etaples, che gli mostrò come la Chiesa di Roma si era sviata dalla fede, ciò che fu per lui da primo di grande afflizione, ma che poi si converti in gioia, convinto che si fu della verità, e se ne fece intrepido annunziatore. Nacque fra il maestro e lo scolare tenera amicizia, e amore e zelo per lavorare insieme all'avanzamento del regno di Dio. Il clero se ne allarmò, e usò tutti i mezzi per ridurli al silenzio: presi da timore di essere imprigionati, fuggirono da Parigi, Lefevre d'Etaples andò a Strasburgo, Farel a Gap, ove cominciò subito a predicare il Vangelo, e convertì alcuni alla verità: ma i cappuccini manifestarono sinistri propositi, e lo fecero scacciare dalla città. Tornò a Parigi, ma dopo poco si riunì con Lefevre d'Etaples a Strasburgo.

Nel 1523, è a Basilea apostolo della Riforma; c'incontra Erasmo di Rotterdamo: lo giudica troppo sapiente per essere cattolico romano, troppo timido per dichiararsi protestante. Erasmo odiava Farel per cagione del di lui franco e ardito procedere. Farel disprezzava Erasmo per la sua vergognosa timidezza. Ebbero fra loro una pubblica conferenza; Farel vi acquistò la fama di un dei primi letterati del tempo: Erasmo ne divenne geloso e lo fece esiliare da Basilea: andò a Montbeliard, ove ebbe violenta lotta coi preti che lo fecero cacciare dalla città: l'abbandonò è vero, ma vi lasciò un seme che poi sviluppatosi tolse e la città ed i suoi dintorni alla superstizione romana.

Comincia la sua missione riformatrice nella Svizzera Francese: a poco a poco acquista terreno per il Vangelo: una sola città gli resiste, Neuchatel. La espugnerò, esclama, preso da santo zelo; infatti vi s'incammina: giunge a Serrières piccolo villaggio che ne è distante un quarto d'ora: domanda al curato il permesso di predicare in chiesa, e gliel recusa, ma consente che lo faccia nel cimitero. Farel salito su di un monumento annunzia il Vangelo: con la sua eloquenza si cattiva il popolo e lo fanatizza: alcuni soldati gli propongono condurlo a Neuchatel: accetta: appena ha varcata la porta, sale su di un terrazzo e parla alla immensa folla che ne divenne entusiasta: predica or qua or là, alla perfine gli riesce penetrare nella cattedrale, e i cittadini, rapiti dalla energia delle sue parole, abbattono altari, statue, e confessionali, e tolgono i quadri dei Santi: il popolo è chiamato in assemblea generale, delibera abolirsi la messa, e nomina Farel secondo pastore della città. Ma lo zelo il rode: non può stare fermo; bisogna che vada missionario or qua or là. Nel 1532 è a Ginevra, s'impegna in una disputa con il vescovo Pietro Baume e con i suoi duegento preti e trecento frati: ora vince ora è vinto: poi è costretto ad abbandonare la città, ma lo rimpiazzano Froment e Pietro Viret, i quali più circospetti e prudenti di lui gli preparano il ritorno e la vittoria.

Tornato in Ginevra non sono i soli frati e preti che deve combattere, ha più terribili nemici nella immoralità e incredulità dei Ginevrini: con difficoltà accolgono le rigorose dottrine evangeliche propugnate dalla riforma: il suo zelo, la sua costanza, ottengono un primo resultato, e nel 21 Maggio 1536, tutti i cittadini riuniti nella chiesa di San Pietro giurano che da quel giorno in avvenire, non avranno altra guida in religione che il Vangelo. Da quel momento, la riforma è abbracciata, e in memoria di tanto avvenimento la città deliberò che, nella propria arme si scrivessero queste parole *"Post tenebras lux"* "Dopo le nuvole il sole". Da quel momento Farel dominò sui luridi avanzi dell'abbattuto cattolicismo romano ma bisognò far sorgere un nuovo edifizio: vi si dette con il suo solito zelo: incontra molte, innumerevoli difficoltà, che inaspriscono il suo naturale assai violento: di tempo in tempo perdé il coraggio, si credé vicino a soccombere, quando Dio gli mandò l'autore della *Istituzione cristiana* un soccorso che desiderava ma non sperava sì valido.

È l'apostata Du Tillet che negli ultimi giorni di Agosto del 1536, fa sapere a Farel che Calvino è a Ginevra: a questa nuova insperata, nella gioia di un uomo affranto e che vede un migliore avvenire, Farel esclama: "Ecco l'uomo che aspettavo", e corre immediatamente ove Calvino ha preso alloggio. Quale impressione produsse su lui? Persisteva nella sua idea, esser quello che attendeva? Che cosa ei si prometterà da un uomo sparuto, macilento, di aspetto malaticcio e sofferente? Lo ignoriamo; quel che sappiamo si è che, nel primo loro abboccamento, Farel avanza una proposta che Calvino respinge sentendosi incapace di adempierla: egli crede essere operaio del Signore alla grande ricolta che si prepara, soldato del Signore e combattente nella campale battaglia, come ha fatto fin qui, ma per sentinella di un posto avanzato non si crede adatto: se ha reso qualche servigio scrivendo libri, frutti della quiete e dello studio, che si lasci andare ne scriverà altri. Farel insiste, il libro è fatto, risponde, e come comporne un migliore? Calvino mette in campo nuove ragioni, Farel impazientito dice con forza: "I tuoi studi sono un pretesto: se tu recusi associarti alla mia opera, Dio ti maledirà per avere cercato te stesso, e non Cristo". Calvino sorpreso e scosso da queste ardite parole, è vinto, cede, resta a Ginevra.

Egli ormai appartiene a Ginevra, e Ginevra a Calvino: Dio sa servirsi di tutto e di tutti. Dio dava Ginevra a Calvino; ma Dio gliela dava a conquistare: è questa conquista che dobbiamo narrare.

Calvino non si atteggia a conquistatore; se avesse voluto

farlo, non avrebbe potuto. Gli fu affidata la spiegazione della Scrittura: adempiva quest'ufficio nella cattedrale che rigurgitava di uditori: avendo conosciuto che i Ginevrini dovevano molto imparare in religione e in morale, non tralasciava mai un soggetto senza averlo sviluppato con ragionamenti e argomenti di esperienza, morale e di buoni costumi. I Ginevrini, non del tutto liberi dalla corruttrice morale della Chiesa di Roma, non sapevano convincersi come Calvino si fermasse tanto sul buon costume, e ne censurasse aspramente la non osservanza: temevano che volesse attentare alle loro libertà che per acquistarle avevano sparso tanto sangue, temevano che volesse invadere il potere civile ricacciarlo sotto la Chiesa, e perdere i benefici effetti della ottenuta separazione dell'uno dall'altro. Calvino e Farel poco si curano dei lamenti che sorgono, e pensano a determinare nettamente le attribuzioni del magistrato civile, e della Chiesa, e redigono una confessione di fede, ove è chiaramente determinato articolo per articolo l'intimo legame che esiste fra la fede ed i buoni costumi. Vorremmo riportare qui tutta intiera e nel suo contesto quella confessione di fede, ma sarebbe troppo lunga, ci limitiamo però a darne una concisa analisi.

I. La Bibbia. La sola regola da seguirsi, senza mescolarvi cosa alcuna, senza aggiungervi o toglervi una parola.

II. Un solo Dio. Dio è spirito, dunque adorazione in spirito. Niuna cerimonia né osservanze carnali, come se Egli si compiacesse di tali cose: nessuna fiducia nella creatura. Nessuna immagine nei templi, né che rappresentino la creatura, né che pretendano raffigurare Dio.

III. La sola Legge di Dio per tutti. In questo articolo comincia la applicazione morale. “Siccome Dio è il solo Signore e Maestro, noi confessiamo che tutta la nostra vita deve regolarsi ed uniformarsi ai comandamenti della sua santa legge, e che non dobbiamo avere altra regola per ben vivere, né inventare altre buone opere per compiacerlo, che quelle che vi sono contenute”.

Qui sono posti i comandamenti.

IV. L'uomo naturale. Cieco, pieno di tenebre nella mente, corrotto, perverso di cuore, non può da per se stesso né giungere alla vera cognizione di Dio, né darsi al bene: ha dunque bisogno di essere illuminato da Dio, e diretto alla obbedienza della giustizia di Dio.

V. L'uomo ha in sé la condanna. Conseguenza delle cose dette di sopra. Dunque l'uomo deve cercare altrove che in se stesso il mezzo della propria salvazione.

VI. Salvazione in Gesù Cristo. Gesù, ci è stato dato dal Padre, onde in lui e per lui ottenghiamo tutto quello che manca in noi. Ora quello che ha fatto e sofferto, noi lo troviamo riassunto nel simbolo che ritiene la Chiesa. Qui è posto il Simbolo degli Apostoli.

VII. Giustizia in Gesù. È per lui che siamo riconciliati e graziati, è per lo spargimento del suo sangue che siamo lavati da ogni sozzura.

VIII. Rigenerazione in Gesù. È l'opera del suo Spirito. La nostra volontà è resa conforme a quella di Dio. Noi siamo liberati dalla schiavitù del peccato, e per questo solo fatti capaci di buone opere.

IX. La remissione dei peccati sempre necessaria. Non ostante la rigenerazione, molti difetti ed imperfezioni ci rimangono. Abbiam dunque sempre bisogno della misericordia di Dio, e dobbiamo sempre cercare la nostra giustizia in Gesù Cristo, e non attribuire nulla alle nostre opere.

X. Ogni nostro bene è nella grazia di Dio, cioè tutti quei benefici sopra ricordati, ci sono concessi per la sola di lui misericordia, senza alcuna considerazione del merito delle nostre opere; e non pertanto, le opere che facciamo per fede, gli sono gradite e piacevoli, perché non imputandocele, per la imperfezione che vi esiste, non vede in esse che quello che procede dal suo spirito.

XI. La Fede. Ella è il principio di tutte queste ricchezze.

Consiste nel credere alle promesse del Vangelo, e a ricevere Gesù Cristo quale ci è descritto nella Parola di Dio.

XII. La invocazione di Dio solo, e la intercessione di Gesù Cristo. Tutto ci viene da Dio per mezzo di Gesù Cristo, ogni altra invocazione è superflua o peccamiosa.

XIII. Orazione intelligibile. Inutilità di ogni altra preghiera che non proceda dall'affetto del cuore: il modello è la Orazione Domenicale.

XIV. I Sacramenti. Sono pie pratiche della fede, sia per fortificarci in questa quanto per testimoniarla agli uomini: sono due: il Battesimo e la Cena. I sette insegnati dal papa si condannano come favola e mensognera invenzione.

XV. Il Battesimo. È un segno esterno col quale Dio ci attesta che vuol riceverci per suoi figli; e poiché i nostri figli appartengono ad una tale alleanza, è a buon diritto che è loro comunicato questo segno esterno.

XVI. La Cena. Immagine della vera unione spirituale che abbiamo con il corpo e sangue di Gesù Cristo.

XVII. Tradizioni umane. Non vi è nessun legittimo ordinamento che quello che è basato sulla Parola di Dio: quindi, non pellegrinaggi, non fraterie, non differenza di cibi, non proibizione di matrimonio, non confessione ad altri simili a noi.

XVIII. La Chiesa. Molte Chiese nel mondo, però una sola, la riunione di tutti i fedeli, il di cui vero ed unico segno si è quando il Vangelo vi è puramente predicato, annunziato, ascoltato ed osservato.

XIX. La scomunica. Siccome vi hanno sempre dei disprezzatori di Dio e della sua Parola, per loro, la scomunica è cosa santa e salutare: è dunque espediente che tutti i pubblici idolatri, bestemmiatori, omicidi, ladri, sediziosi, percuotitori, ubbriachi, dopo essere stati convenientemente e ripetutamente ammoniti, se non si emendano, sieno separati dalla comunione dei fedeli, sino a che non abbian fatto conoscere il loro ravvedimento.

XX. I ministri della Parola. Nessuno è legittimo pastore, se non i fedeli ministri (annunziatori) della Parola di Dio, pascendo le pecore di Gesù Cristo, con istruzioni, ammonizioni, consolazioni, esortazioni, non aventi nessuna autorità propria e personale: se sono qualche cosa è per la Parola di Dio, a nome della quale hanno il potere di comandare, promettere, proibire e minacciare, e senza della quale non possono e non debbono fare né tentare di fare cosa alcuna.

XXI. Magistrati. L'autorità civile è un ordine di Dio (Rom. xiii, 1). Deve adunque esercitarsi a nome di Dio, e secondo i suoi comandamenti: deve essere rispettata, obbedita in tutto quello che prescrive non contrario ai comandamenti di Dio.

Tale era la confessione di fede che nel novembre fu presentata al Consiglio *dei Dugento*, detto il Gran Consiglio: vi andavano uniti alcuni articoli intorno al governo della Chiesa: tutto fu approvato e divenne legge per il Cantone di Ginevra.

L'idea di Calvino, nel compilare tal confessione di fede, ed in questa visse e morì, si fu quella di formare uno *stato cristiano*, cristiano nelle sue più minute parti come nell'insieme delle sue leggi, considerandosi come responsabile, davanti a Dio, di tutte le azioni dei cittadini. Così inteso, lo stato cristiano diviene necessariamente lo Stato-Chiesa: egli regola sovranamente la fede, fondamento dell'edifizio: regola sovranamente tutto quello che si edifica su questa base, tutto senza eccezione, imperocché non vi è nulla, cristianamente parlando, che non si colleghi con la fede, e che non abbia ad esser determinato dalla fede. La fede adunque occuperà nello stato, il posto cui tutti convengono assegnarsi nell'individuo, lo stato obbligherà l'individuo a fare, in virtù della fede comune, tutto quello che il medesimo individuo, supponendolo veramente cristiano, farebbe in virtù della propria fede individuale.

Questo fu l'errore di Calvino. La fede sebbene comune a tutti i membri di una società costituita, è sempre in ultima analisi individuale: la comunanza della fede è un fatto esterno dal quale non possono sorgere logicamente, che conseguenze esterne, come, per esempio, comunanza di culto, organizzazione ecclesiastica. Così anche stabilita sotto forma di confessione, la fede deve esser lasciata, quanto a tutte le conseguenze particolari, alla coscienza di ciascuno. Risvegliare e vivificare in tutti, il sentimento della loro responsabilità davanti a Dio e davanti agli uomini, ecco l'obbligo dei predicatori della fede, obbligo che l'autorità civile potrà e dovrà loro facilitare, ma la responsabilità, lasciamola intiera a tutti, e né lo Stato né la Chiesa pretendano sostituirsi alla loro coscienza.

La legge era fatta, e doveva eseguirsi, e lo fu senza riguardo né alle persone né alla loro qualità: i primi colpiti sono un consigliere di stato ed uno dei più ricchi cittadini. Un ostinato pubblico giuocatore è posto alla berlina con il mazzo delle carte appese al collo: altro, mascheratosi in modo da produrre grave scandalo, è obbligato a chieder perdono in ginocchio nella cattedrale in tempo del servizio divino: un terzo, che prestò un giuramento falso è legato ad una scala di legno con la mano destra legata in alto: una perrucchiera è condannata a due giorni di prigione per avere abbigliata con poca decenza una novella sposa che andava a nozze: alcuni genitori sono puniti con la prigione per non aver mandati i loro figli alla scuola.

Quello che sopra tutto stava a cuore a Calvino era la istruzione: sapeva per esperienza che i preti di Roma, vogliono la ignoranza, imperocché sulla ignoranza si domina, e agli ignoranti si fanno credere veri tutti gli errori ed i pregiudizi della Chiesa loro; per questa ragione i vescovi e i duchi di Ginevra non avevano fatto nulla per la istruzione del Cantone: esisteva è vero un collegio fondato dalla carità cittadina nel 1428, ma nel 1501, era vuoto di alunni. Farel, dopo molta insistenza, aveva potuto ottenere che un maestro ben pagato vi insegnasse gratuitamente.

Calvino aveva veduto che in una città corrottissima dal cattolicismo romano come Ginevra, era necessario, indispensabile, per richiamarla nella via dei buoni costumi e della moralità, darlesi leggi le quali avessero la loro base sulla religione, così vuole che questa avesse la sua principale consistenza nella istruzione: riteneva che la istruzione deve essere in stretto connubio con la religione: vera, giusta idea, che abbandonata, non porta quei benefici frutti che si ha diritto da tal connubio attendere: che cosa vale un dotto senza religione? che un uomo religioso senza un poco di dottrina ? Quindi come aveva dato per i teologi e adulti la sua Istruzione, pensò dare ai giovani e ai fanciulli un Catechismo familiare, che compilò da quel libro: destinò quel Catechismo per le scuole; subì varie correzioni: per molto tempo fu la confessione di fede della Chiesa Ginevrina e di norma a molte altre: la dottrina era assai rigorosa per i teologi perché se ne contentassero, e molto facile per i semplici perché la intendessero: non vi troviamo, come in molti catechismi, fra le prime la domanda, che cosa è la religione, la omette per non entrare in una risposta metafisica, ma prende le mosse domandando.

D. Qual è il principale scopo della vita dell'uomo?

R. La conoscenza di Dio.

D. Perché mi dai questa risposta?

R. Perché Dio è quello che ci ha creati e posti al mondo per essere glorificato da noi, ed è giusto che noi riferiamo la nostra vita alla sua gloria, poiché egli ne è principio.

D. E qual è il sovrano bene degli uomini?

R. La conoscenza di Dio.

D. Perché la chiami tu il sovrano bene?

R. Perché senza, la nostra condizione sarebbe peggiore di quella dei bruti.

D. Dunque la più grande disgrazia è quella di vivere contrariamente al comandamento di Dio?

R. Certamente.

D. Ma qual è la vera e retta conoscenza di Dio?

R. Quando lo conosciamo per onorarlo.

D. Qual è il modo di ben onorarlo?

R. Aver piena ed intiera fiducia in lui e fare la sua volontà; ricercarlo in tutti i nostri bisogni, cercare in lui la salvazione ed il bene, e riconoscere con il cuore e con la bocca che tutto viene da lui solo.

Come sempre accade per le cose nuove, così quelle nuove leggi trovarono oppositori; non pochi della città si resero renitenti alle deliberate ordinanze: ma la fermezza del Consiglio obbligava ad obbedire.

Si era al 1537; in quell'anno due fratelli di Liege, furiosi anabattisti, vennero a Ginevra con la ferma intenzione di rendersi in opposizione ai due riformatori: molti malcontenti si unirono a loro: domandarono una pubblica conferenza, una disputa, come allora si diceva: il Consiglio, temendo seri disordini la recusò, ma poi la concesse sulla richiesta di Calvino, onde, egli disse, allontanare ogni più piccolo sospetto che si temesse di loro e non si avessero ragioni trionfanti per rigettare le loro false dottrine. La conferenza ebbe luogo, durò due giorni. Si discusse sul battesimo, sulla scomunica, sulla natura dell'anima, di cui i due anabattisti negavano la spiritualità, e la ritenevano qual inerte materia. Calvino fu vittorioso su tutto, ma più specialmente su questo ultimo punto: i suoi argomenti, le belle dimostrazioni della spiritualità ed immortalità dell'anima furono così stringenti e decisive che strapparono la vittoria. Il Consiglio ne fu grandemente contento: scacciò dalla città i due anabattisti: ma i vinti non convennero ne si ritennero per tali, e giurarono di continuare nella loro guerra accanita: si strinsero compatti, formarono una setta, alla quale si dette il nome di *Libertini*.

Farel e Calvino non cedono una linea nella loro condotta: insistono per la piena osservanza della confessione di fede: domandano al Consiglio ed ottengono che si stampi e si mandi a tutti i cittadini con obbligo ad ognuno a dichiarare se la accettano o la recusano. Questa esigenza spiacque, non perché la gran maggioranza dei cittadini dissentisse dalla confessione di fede intorno alle cose religiose, ma per la parte morale che non del tutto piaceva. I Libertini in questa disparità di opinioni presero animo, cominciarono a far lamenti, e a porre in confronto la libertà che la città godeva al tempo del vescovo e del duca, con quella che si fruiva allora, e mostrarono che sotto di cotestoro era pienissima, mentre ora se ne aveva gran difetto. Ai lamenti si rispose con rigorose prescrizioni ed ingiunzioni: si esigeva che alcuni fossero esiliati, altri scomunicati: il Consiglio non osò farlo. I Libertini crebbero di numero, in modo che nelle elezioni, avvenute nel 3 Febbraio 1538, ebbero nel Consiglio la maggiorità; tre sindaci su quattro erano del loro partito.

Ecco i due riformatori in faccia ad un governo ostile, formato da cittadini anche più ostili: ma accada quel che può accadere, Calvino non cederà in nulla per quello che la sua coscienza non gli permetterà. Con la calma di chi è nella via della verità e della ragione, dice "Vincitore o vinto ho salvato il principio".

Ginevra era caduta nella più deplorabile immoralità, e nel più abietto disordine. I signori di Berna avevano tentato ricondurre le cose al meglio e porre gli animi d'accordo, ma non vi erano riusciti, ogni sforzo era stato vano: il calice da ogni parte versava: i ministri non potevano essere indifferenti, e non solamente dal pulpito inveivano contro i gravi disordini che erano di scandalo alla città, ma rampognavano anche i magistrati perché li permettevano e non ne punivano gli autori.

Gli animi vennero ad inasprirsi per una questione che sorse intorno al modo di ministrare la cena. I Bernesi avevano fatta la loro riforma religiosa meno radicale di quella effettuata dai Ginevrini. A Berna si comunicava con il pane senza lievito, a Ginevra con il pane ordinario. A Ginevra si erano tolti i fonti battesimali, a Berna si erano mantenuti. Ginevra aveva abolite tutte le feste ad eccezione della domenica, Berna ne aveva lasciate alcune. I Bernesi esigevano che a Ginevra si facesse come da loro. Farel e Calvino si opposero: non vi volle altro, perché i Libertini aderissero alle esigenze dei Bernesi. Nella speranza che un sinodo determinerebbe il modo da tenersi conformemente alla Scrittura, fu convocato a Losanna: ma Losanna era sotto il dominio dei Bernesi, ed il sinodo, non ostante le stringenti ragioni di Farel e Calvino, tenne la opinione dei suoi padroni, i Bernesi. I due riformatori si appellarono al sinodo di Zurigo, e chiesero che nulla s'innovasse nello amministrare la Cena fino a che quello non avesse deciso; i Libertini non aderiscono ed esigono che alla prossima Pasqua la Cena si amministri come si usa a Berna.

Eccoci al giorno di Pasqua: Farel predica a San Gervasio, Calvino a San Pietro. Farel scorge nel suo uditorio i più accaniti Libertini, ma non teme, ha posta la sua fiducia in Dio a cui serve. Parla della istituzione della Santa Cena, e dei sentitimene di carità e sincerità coi quali ognuno deve accostarvisi, e del dovere che ognuno ha di esaminare se stesso davanti a Dio, e quando se ne creda degno, e se ha il cuore contrito ed umiliato, e termina dicendo, che siccome si medita profanare questo solenne atto commemorativo la morte del nostro Signore Gesù Cristo, così la Santa Cena non avrà luogo in quel giorno, imperocché scorge gli animi dei comunicanti di troppo concitati.

A queste parole, forsennate grida risuonano nel tempio, la robusta voce del predicatore ottiene il silenzio e grida: "Che! è necessario la fede, la carità, il rispetto al Vangelo per degnamente comunicarsi, e voi bestemmiate il Vangelo, e vi siete armati di bastoni e spade: vi abbisogna del ravvedimento, e voi dove avete passato la notte?". Le grida aumentano, si traggono le spade, e molti furibondi si avanzano verso il pulpito. Farel si acqueta, incrocia le braccia e immobile aspetta: ma i suoi numerosi amici lo attorniano, lo fanno scendere dal pulpito e lo conducono salvo a casa. A San Pietro avvenne la medesima scena, ma meno violenta.

Il giorno dopo, i Libertini sporgono querela al Consiglio, e questi decreta che Calvino e Farel sieno esiliati dalla città: all'annunzio che si fa a Calvino del suo esilio, esclama: "E meglio obbedire a Dio che agli uomini". I nemici del Riformatore trovano queste parole troppe vecchie: sì, sono troppo vecchie ma per coloro che trovano troppo vecchio il Nuovo Testamento, ma saranno sempre nuove per coloro che hanno il diritto di pronunziarle.

Farel e Calvino lasciano Ginevra, sen vanno a Berna, ove non ricevono buona accoglienza: non fa meraviglia, si erano fatti opponenti agli ordini di quella città nella questione della Cena! Redigono una memoria in cui spiegano la loro condotta; mostrano come la Cena non era che un pretesto, ma che la vera causa si era di restituire la città, allontanati i due ministri, allo scacciato vescovo Pietro de la Baume: protestano che eglino non hanno ricusato di ministrare la Cena per causa del pane senza lievito, ma per la patente indegnità di coloro che si accostavano alla mensa. Pubblicata questa memoria, i Bernesi furono verso di loro più benevoli. I due esiliati lasciano Berna e giungono a Zurigo, ove sono accolti con fraterno affetto. Bellingero, amico di Calvino, impegnò il sinodo ad interporsi presso il Consiglio della città, onde questo s'interponesse presso quello di Ginevra, affinché l'esilio fosse revocato: il Consiglio di Berna spese i propri uffici, e mandò dei deputati a Ginevra fra i quali vediamo figurare Vireto: essi poterono ottenere dal Consiglio di Ginevra, una nuova convocazione del Consiglio generale che ebbe luogo nel 26 Maggio; ma gli animi erano troppo concitati, la deliberazione troppo fresca, il Consiglio generale confermò la presa decisione.

Perduta ogni speranza di tornare a Ginevra, i due esiliati sen vanno a Basilea: appena giunti colà, Calvino riceve una lettera da Bucero che lo chiama con insistenza a Strasburgo: da prima recusa, non può convincersi come egli abbia ad impegnarsi per altra città fuori della sua Ginevra; poi fatta migliore riflessione accetta: si separa con dolore dal suo caro amico Farel, che non molto dopo abbandona anche egli Basilea per andare a Neuchatel.

La città di Strasburgo accolse con giubbilo Calvino: il Consiglio lo autorizza a dare pubbliche lezioni sulla Santa Scrittura e gli commette organizzare la Chiesa dei riformati francesi che la persecuzione nei loro paese aveva fatti in buon numero convenire in Strasburgo.

Nei primi tempi del soggiorno in quella città, Calvino difetta di mezzi di sussistenza, è nel bisogno, la paga che ritrae dalla città è esigua di guisa che per supplire ai più urgenti bisogni è costretto a vendere i suoi libri che ha lasciati a Ginevra. Du Tillet, il ricchissimo canonico, saputolo in strettezza di danaro, gli viene in soccorso, e glie ne offre in abbondanza: ma insieme all'offerta gli fa sentire, e pretende che esso ne convenga, che se è in quelle angustie riconosca essere un gastigo di Dio per aver lasciato la Chiesa di Roma. Calvino ringrazia il vecchio amico e recusa con umiltà la offerta, imperocché sembra vedervi una vergognosa condizione, cioè una ritrattazione, e un ritorno agli errori di Roma.

Calvino consacra tutta la sua vita al servizio della città di Strasburgo: tutte le sere predica, tutti i giorni dà lezioni sulla Scrittura: le une e le altre sono frequentate da numero considerevole di persone. Da tutta la Francia si accorre a sentirlo: fra gli uditori, molti erano i curiosi che desideravano ascoltare le nuove dottrine: molti di questi tornavano alle loro case convertiti. La città, contentissima del nuovo predicatore, gli aumentò la paga, e la vita di Calvino divenne meno dura di privazioni.

Sebbene egli avesse di che per esser contento di quella città, pure tutti i suoi pensieri sono sempre verso Ginevra: ha fitto nella mente che il suo compito è per Ginevra, il suo posto a Ginevra: e, a mantenere viva la memoria di lei e per conforto dei suoi pensieri, con lettere piene di religiosa unzione cerca confortare e rianimare i non pochi fedeli che egli ha lasciati in quella città. In una lettera diceva: “Non odiate i Libertini che non sono i vostri veri nemici: odiate Satana che li ha fatti traviare. E perché Dio ha scatenato Satana? Per punirvi delle vostre grandi trasgressioni, imperocché non crediate che nulla avevate a rimproverarvi, e per far risaltare la sua forza e la vostra debolezza. Che i fedeli adunque si umilino, e saranno forti. Fatevi coraggio, i nemici della verità si credono giunti alla meta della loro impresa: ma guardate bene, e vedrete che tutte le loro vie tendono alla confusione. Ancora un poco, e Dio farà risorgere la Chiesa: e non sapete che dà la corona di allegrezza a quelli che sono in pianto e lacrime, che rende la luce a quelli che vivono nelle tenebre, e che anche richiama alla vita quelli che sono nell'ombra della morte? Vegliate adunque e pregate, io pure prego il Signore che vi conforti di ogni consolazione e vi sostenga nella prova".

A Ginevra le cose andavano di male in peggio: la disorganizzazione della Chiesa, condusse quella della pubblica istruzione: si volle obbligare i maestri ad officiare da pastori, e a dar la Cena col rito bernese: recusarono e furono mandati in esilio.

Il disordine era all'estremo, si fecero severe ordinanze per reprimerlo, ma restarono lettera morta: di tanto in tanto si infliggevano leggiere punizioni, per far vedere che si sapeva fare anche senza Calvino: ma la depravazione era salita a tanto che la maggior parte dei cittadini dichiararono che non si teneva più obbligata dal giuramento prestato alla confessione di fede. Calvino da Strasburgo seguiva gli avvenimenti di Ginevra, e aspettava confidando in Dio, in un giorno di ravvedimento.

Se Calvino si doleva per essere stato scacciato da Ginevra, e, come egli diceva, di aver perduta quella città, altri si rallegrava grandemente del di lui esilio e sperava di riacquistarla al cattolicismo romano. Due individui fra gli altri anelavano riaverla: uno era Pietro de la Baume, il discacciato vescovo che piangeva le perdute ricchezze, l'altro era papa Paolo III. A loro insinuazione si formò un comitato che ebbe sede in Lione, in cui fra gli altri figuravano sei vescovi, alla testa dei quali era il dotto Sadoleto. Il comitato aveva corrispondenza in Ginevra con uno dei quattro sindaci, Giovanni Filippo, il più accanito nemico di Calvino; nelle riunioni discutevano i mezzi più sicuri per riuscire nell'intento, temevano, essi dicevano, che quei cattivi cattolici, urtati nella parte debole, divenissero peggiori protestanti, e dopo lungo deliberare fu fissato che il sapiente Sadoleto scrivesse una lettera ai Ginevrini: ne furono stabiliti i punti sui quali quella lettera dovrebbe maggiormente aggirarsi: doveva per primo enunciare tutte le depravazioni, corruzioni, e mali di cui era piena la città, e tutti dovevano attribuirsi alla riforma: e doveva terminare solleticando nel più dolce modo la pietà, carità, e divozione dei Ginevrini. La lettera fu scritta e diretta al Senato ed al popolo ginevrino. Il Sadoleto adempì completamente il concetto del comitato, imperocché cominciava enumerando tutti i disordini avvenuti nella città dal momento in cui si manifestarono i primi sintomi della riforma; fa uno splendido elogio delle Sante Scritture, mostra il benefizio della morte di Cristo qual unico Salvatore degli uomini, la giustificazione per la fede; con ciò voleva attirare il favore dei Ginevrini, ma poi costruisce il suo edilizio sulla autorità della Chiesa, distruggendo così le fatte premesse: fu spedita a Ginevra nell'Aprile del 1539, ma giunse a mal tempo, imperocché in quei giorni due Ginevrini, per null'altra ragione se non perché erano protestanti, furono bruciati vivi, uno ad Annecy l'altro a Ciamberì.

Ricevuta quella lettera, tutti ne rimarcano le melliflue parole, tutti convengono che merita una solenne risposta, tutti sentono che nessuno vi è capace per concepirla, tutti pensano che il solo Calvino potrebbe farlo, ma si tacciono, e se da alcuni è pronunziato il di lui nome è a mezza voce. Calvino è informato di quello che si dice e si pensa a Ginevra, e senza che niuno il sappia scrive la risposta al cardinale, che improvvisa giunge nel mondo religioso. Il riformatore ribatte tutte le calunnie dal cardinale attribuite alla riforma, e mette in chiara evidenza gli errori del prelato, sulla giustificazione per la fede e sulla Cena: quella lettera fu una nuova gloria per Calvino, fu letta con avidità da tutta l'Europa, che ebbe a conoscere quale differenza passava nel discutere delle cose religiose fra gli scrittori del cattolicismo romano e quei della riforma: nessuno ardì prender la penna per confutare le valide e solide ragioni di Calvino. Questa lettera produsse in Ginevra favorevole effetto per Calvino: si era maravigliati come sebbene esiliato da quella città sorgesse a difenderne la calunniata Chiesa.

Le cose della Riforma volgevano in meglio a Ginevra. Giovanni Filippo, l'acerrimo nemico di Calvino, era mandato al supplizio nel Giugno 1540 come reo di eccitamento a tumulto per cambiare governo, e come traditore della patria. Questa condanna richiama i Ginevrini a riflettere e considerare da qual patriottismo e da qual religione sono animati i Libertini. La città tende a ripristinare le cose sanzionate al tempo di Calvino, e per giungervi non vede altro modo che richiamare il Riformatore: tutti e ovunque ne parlano, ma nessuno ardisce farne la proposta: passano alcuni mesi nella più deplorevole incertezza, alla perfine nel 21 settembre 1540 il Consiglio commette ad Amedeo Perrin, uno dei suoi membri, di far tutte le pratiche occorrenti per procurare il ritorno di Calvino. Perrin scrive lettere su lettere, e impegna Farel ad unirsi a lui. Calvino è maravigliato come lo si richiami a Ginevra: pende in grandi incertezze, riflessioni e dubbi; finalmente vede che Dio gli impone di accettare la nuova chiamata. Il suo ritorno è il pensiero di tutti i giorni per i Ginevrini: nei registri del Consiglio si leggono giorno per giorno le premurose pratiche che si fanno: il 13 Ottobre è deciso: "Scrivere a Calvino una lettera pregandolo di volerci assistere: al latore della lettera è espressamente imposto di parlare con i pastori di Strasburgo e pregarli d'indurre Calvino ad affrettare il 16 suo ritorno a Ginevra": il 19 di quel mese il Consiglio dei 200 decreta: "Affinché l'onore e la gloria di Dio progrediscano, che si cerchino tutti i possibili mezzi per avere Calvino nostro predicatore". Il 20 il Consiglio Generale ordina di "mandare a Strasburgo, per cercare il sapiente Giovanni Calvino onde venga ministro evangelico nella nostra città". Il 21 si impone ad Amedeo Perrin di "partire con un araldo del Senato per Strasburgo a cercare Calvino, e condurlo a Ginevra, e si commette scrivere ai cittadini di Strasburgo pregandoli a non opporsi alla partenza di Calvino". Il 22 in seduta stante del Consiglio, si redige la lettera per Calvino nella quale si legge: "Signore, nostro buon fratello ed eccellente amico, noi ci raccomandiamo affettuosamente a te, perché sappiamo che il tuo desiderio è l'avanzamento della gloria ed onore di Dio e della sua santa Parola. Da parte del piccolo e grande Consiglio Generale, che ci fanno grande premura, ti preghiamo amorevolmente di tornare fra noi a riprendere il tuo primo posto di ministro, e speriamo con l'aiuto di Dio, sarà un gran bene e frutto per la propagazione del santo Vangelo, vedendo che il nostro popolo grandemente ti desidera, e noi faremo di tutto perché tu in ogni modo sii contento".

L'otto novembre, Luigi Dufour, latore della lettera, scrive da Basilea che Calvino non è a Strasburgo, ma alla dieta di Vormazia a perorare presso di quella gli affari della riforma cristiana.

Gli avvenimenti di Ginevra ci hanno fatto un poco dimenticare Calvino: lo abbiamo lasciato a Strasburgo: torniamo un momento in quella città.

Quando Luigi Dufour doveva consegnare la lettera del Governo a Calvino, lo abbiam detto, egli non era a Strasburgo ma alla dieta di Vormazia: non era la prima volta che si presentava a quell'augusto consesso: la Chiesa di Strasburgo lo aveva mandato nel 1539 a quelle tenutesi a Francoforte, e a Haquenau. In questi viaggi mai si era incontrato con Lutero: si è curiosi di sapere quali impressioni avrebbero prodotto uno sull'altro, e conoscere le discussioni che fra loro sarebbero avvenute per intendersi sulle diverse opinioni che tenevano, e se si sarebbero vicendevolmente convinti. Si stimavano reciprocamente, lo attestano le lettere che si sono scambiate, sebbene nella questione sulla Cena i loro scritti fossero in aperta opposizione. Calvino scrivendo a Bullingero, gli dice: "Ti prego non dimenticare qual uomo eminente è Lutero e di quali doni è dotato. Pensa con quale forza di mente, con quale incrollabile perseveranza, con qual potenza di dottrina, si è consacrato fino ad oggi, a rovesciare l'anticristo, ed ha sparso intorno a sé e lontano da sé la dottrina della salvazione gratuita. Io l'ho sempre detto e lo ripeto, quando egli mi ritenesse per un diavolo, non cesserebbe la mia stima per lui, e di riconoscerlo illustre servitore di Dio".

La vita di Calvino a Strasburgo è tutta spesa nella predicazione, nell'insegnamento, e nel far conoscere e apprezzare la Parola di verità: nel 1530 pubblica il commentario sulla lettera ai Romani, che dedica all'amico Simone Grynee di Basilea: dà alla luce la versione della Bibbia, o per dir meglio, la correzione di quella dell'Olivetano. Le sue prediche, come a Ginevra, si raggirano sulla religione accompagnata dalla morale: tenta, come a Ginevra, di porre riparo al male svolgendo e facendo camminare di pari passo la fede e la morale: ne vede gli innumerevoli ostacoli, e qualche volta nel suo entusiasmo religioso cercando di abbatterli s'incontra ad offendere la suscettibilità degli Strasburghesi. Bucero tenta reprimere un poco il giusto sdegno del predicatore, che a male in cuore ottempera ai consigli dell'amico.

Nel momento che pervenne a Calvino la lettera dei signori di Ginevra che lo invitavano a tornare nella loro città, egli era per prender moglie. Del di lui matrimonio, come di quello di Lutero, i partitanti della Chiesa di Roma ne fanno un titolo di accusa, e condannano come non sincera ma accompagnata da ipocrisia la loro conversione, il di cui scopo principale, essi dicono, si fu di prender moglie; ma tale accusa si mostra evidentemente maligna e non sorge da buona fede. Torna loro buon conto dimenticare che i campioni della riforma dovevano con l'esempio testimoniare la dottrina che insegnavano, e quando dal pulpito e nei loro scritti pubblicavano come S. Paolo: "Il matrimonio è onorevole in tutti" (Ebr. XIII, 4); non potevano col fatto dimostrare il contrario: i papisti dimenticano, o meglio, vogliono dimenticare che i riformatori ben molti anni dopo la loro conversione contrassero il matrimonio, e non pensano, o meglio, vi pensano, ma la loro immoralità vi passa sopra, che S. Paolo ha detto: "È meglio maritarsi che ardere"; ma scusano, e soffrono, una vita piena d'immoralità e di nefandezza piuttosto che, essi dicono, dare lo scandalo che un prete prenda moglie, la loro coscienza sozzata dal mal costume gli consente di vedere dei figli bastardi piuttosto che figli legittimi.

Calvino non aveva potuto pensare esso stesso alla scelta di una compagna: furono i suoi amici che si dettero il pensiero di trovargliela. Farel ne ebbe più specialmente l'incarico. Calvino gli scrive: "Non dimenticare le qualità che bramo abbia la mia donna; tu il sai, non sono di coloro che adorano nella moglie anche i difetti: la sola bellezza che possa piacere al mio cuore è la dolcezza, la castità, la modestia, l'economia, la pazienza, la diligenza, e che abbia a cuore la salvazione di suo marito. Mi è stata proposta una giovane ricca, e nobile: ciò è aldilà dei miei desideri: due cose mi hanno indotto a recusarla; primo perché non è francese, poi perché mi è parso un poco gonfia della sua casata e della 11 sua educazione". Dopo lungo cercare, alla perfine trovò la compagna che desiderava. Giovanni Storder, anabbatista convertito da Calvino, morì: lasciò la moglie Idoletta de Bure con tre figli. Bucero la conosce, conosce le di lei pregevoli qualità: ne parla a Calvino, che la accetta per moglie: gli portò in dote una sincera pietà, una dolce tenerezza, un'anima a tutta prova pei sacrifizi, e tre figli.

Il matrimonio si fece nel settembre. Vi assistette Farel ed altri ministri di Neuchatel. Poco dopo, Calvino partì per la dieta di Vormazia. Fu in quella città che i deputati di Ginevra gli consegnarono la lettera: egli aveva già risposto alle prime trattative in questi termini: "Magnifici e nobili signori: Vi assicuro davanti a Dio che ho tanto a cuore la vostra città, che non vorrei mai venir meno nei di lei bisogni, né risparmiarmi in nulla. Però sono grandemente perplesso nel desiderio di soddisfare alla vostra domanda: ma d'altra parte non posso con precipitazione lasciare quest'ufficio a cui il Signore mi ha chiamato: io parto per la dieta, le signorie loro chiamino frattanto a Ginevra Viret".

Nel 12 Novembre scrive altra lettera in risposta a quella del 22 Ottobre: assicura i signori del Consiglio di trovarsi onorato per averlo richiamato, ma non può decidersi ad abbandonare Strasburgo. I Ginevrini raddoppiano le loro domande, fanno scrivere da Viret, e dagli amici di Basilea e Zurigo. Calvino è sempre dubbioso: risponde a Viret: "La prospettiva di ritornare a Ginevra mi spaventa"; ma alla fine dice di sì. A quest'annunzio i Ginevrini esultano per l'allegrezza, il Consiglio Generale revoca il decreto di esilio, e ordina mandarsi un araldo a cavallo perché da Strasburgo accompagni Calvino a Ginevra; giunge nella città il 12 Settembre 1541: fu accolto con gran festa: il giorno dopo al suo arrivo, si presenta avanti il Consiglio, e lo prega di metter subito mano per ricondurre tutto all'ordine: fu grandemente secondato come vedremo nel capitolo seguente.

CAPO V.

Calvino a Ginevra. Ordinanze approvate dal Consiglio Generale. La peste a Ginevra. Scritti di Calvino pubblicati dal 1541 al 1546. Contese con i Libertini: ricusa loro la comunione. Malattia di Calvino. Farel lo surroga: anch'esso ha contese con i Libertini: è accusato avanti il Consiglio, ma è assolto. Malattia e morte di Idoletta moglie di Calvino. Disputa con Bolsec. Serveto: disputa processo, condanna, sentenza, supplizio.

Tutte le cure e le sollecitudini del Consiglio sono rivolte per render piacevole a Calvino il suo ritorno: gli trovano una casa, gliela ammobiliano, gli assegnano una provvisione di tremila lire all'anno: e tant'oltre sono spinte queste premure che gli comprano pur anche un vestito: né solamente dalle autorità ginevrine riceve moltiplici attestati di gradimento per il di lui ritorno, vi si unisce pur anco la maggioranza della popolazione che lo festeggia.

Calvino poco o punto si cura di questi materiali interessi: ne è riconoscente a Dio e agli uomini; ma il suo primo pensiero si è quello di ridonare alla città, ciò che le è stato tolto dai Libertini; quindi compila un progetto di leggi che, discusso e corretto dal Consiglio Generale, fu definitivamente approvato nel 2 Gennaio 1542, e ricevé il titolo di Ordinanze, le quali costituiscono veramente e legalmente la repubblica calvinista; e sono la diretta causa della morale grandezza a cui ascese quella piccola repubblica. Ecco alcune delle principali disposizioni.

Calvino fa base di questo codice il Vangelo; è la sua carta, non vuole né più né meno di quello che prescrive: tutto ciò che contiene, o quello che gli suggerisce la Chiesa ai tempi apostolici, egli lo prende: e vuole uno stato cristiano, ma repugna dalla mostruosa mescolanza del temporale con lo spirituale: una marcata separazione deve esistere fra loro: ove debbono trovarsi d'accordo ed uniti, si è, nell'ottenere la purità dei costumi, e il trionfo della religione. Vuole un ministero, ma secondo la Scrittura e consentito da tutti come prescrive il nostro Signore Gesù Cristo. I Pastori, i Dottori, gli Anziani, i Diaconi regolavano la Chiesa: il Pastore è eletto dal corpo dei Pastori, previo esame sulle dottrine evangeliche, sull'attitudine a comunicarle al popolo, sugli irriprensibili costumi. Il Consiglio della repubblica prima di accettarlo per tale, mandi uno dei suoi membri ad assistere alla discussione che sostiene davanti ai pastori. Ogni settimana, in un giorno prestabilito, i Pastori si riuniscano per studiare la Scrittura: se nasce qualche discrepanza nella dottrina, tutti i Pastori decidano, se non sono concordi si chiamino gli anziani, se non vi è conciliazione il Magistrato deliberi. Delle mancanze dei pastori intorno alla fede ne conosca il capo dei pastori, delle altre il magistrato. Il Battesimo non possa esser dato che dai pastori: la Santa Cena mai ministrata fuori del tempio, e quattro volte all'anno, Pasqua, Pentecoste, la prima domenica di settembre e la domenica più vicina al Natale. La domenica sola festa; esclude anche il Natale: per canto, tanto prima che dopo il sermone, i Salmi. Tutti i ragazzi debbano assistere al catechismo: prima di accostarsi alla Cena conviene emettere in faccia alla Chiesa una confessione di fede: i Pastori e gli anziani in prossimità del tempo per la comunione debbano fare visite domiciliari per assicurarsi che quelli che prenderanno la Cena ne sono meritevoli per la sana dottrina. I pastori debbano visitare nel corso dell'anno i malati, e ogni settimana i prigionieri. Il Concistoro sia composto di tutti i Pastori e di dodici laici eletti dal Consiglio dei dugento: i loro nomi verranno pubblicati, e tutti potranno affacciare obiezioni contro la loro nomina e farla revocare. Il Concistoro abbia il diritto di citare innanzi a sé ogni cittadino, ma costui non potrà essere astretto a comparirvi: aveva il diritto di scomunicare, deciderà le cause matrimoniali e di divorzio: Calvino aveva ammesso il divorzio appoggiato alle Parole del Signore, ma aveva circondato il giudizio di tante formalità e prove, che il decretarlo si rendeva quasi impossibile.

Il riformatore aveva ottenuto quello che desiderava: il difficile stava nel conservarlo: la perseveranza ed il coraggio non gli facevano difetto. Sul primo tutto fu facile: popolo e magistrati avevano riconosciuto necessaria in mezzo di loro la presenza di Calvino, e tutti lo secondavano. La liturgia per il culto semplicissima: quella del Battesimo e della Cena, da condannare gli anabbatisti e la Chiesa di Roma: la predicazione sempre appoggiata alla Scrittura, non molto lunga per non stancare gli uditori, ed anche la preghiera. La istruzione religiosa dava molto da desiderare. Calvino fece ogni sforzo perché tutti divenissero coscienziosamente religiosi, che credessero perché credevano, non perché loro era detto, come fa la Chiesa di Roma: quindi cercava che ognuno si sentisse nell'obbligo di andare al sermone; ma costretti come erano stati dalla Chiesa di Roma ad andare alla messa, alcuni, e fra gli altri i contadini, credevano avere scosso il giogo, e temevano, intervenendo al sermone, sottoporsi ad un altro sebben diverso. Calvino fece conoscere la differenza grande che esisteva fra la messa e il sermone, di guisa che a poco a poco si dissiparono le dubbiezze, e tutti si sentirono liberati da ogni giogo, e solo obbligati nella loro coscienza di accorrere ad udire la spiegazione della Parola di Dio.

Uno dei più grandi pensieri che affiggevano Calvino si era quello di non avere buon numero di compagni e adattati all'opera. Aveva è vero Blanchet, de Greneston, Cop, Des Gallars, ma era un meschino numero per tanto lavoro: molti altri erano convenuti attorno a lui, ma incapaci: era abbisognato licenziarli. Calvino avrebbe voluto che restassero con lui Vireto e Farel, ma l'uno aveva dovuto tornare a Neuchatel, l'altro a Losanna. Dio voleva che Calvino solo avesse tutta la responsabilità dell'opera incominciata. E ne raccoglieva i buoni frutti, poiché nei cinque anni che erano passati, 1541-1546, i costumi erano migliorati e poche riprensioni erano state inflitte. La Chiesa di Ginevra destava la ammirazione di tutte le altre, e Calvino in quella città, era come il papa a Roma, meno la pretesa infallibilità e primazìa sulla Chiesa riformata.

La peste per due volte comparve nella città e vi arrecò gravissimi danni. Blanchet rinchiuso nell'ospedale degli appestati vi soccombé lasciando vuoto quell'importante posto: Calvino vuole occuparlo, ma il Consiglio lo vietò: nella lettera con la quale gli si partecipava quel divieto si diceva. “La Chiesa ha bisogno di te, e noi abbiamo bisogno dei tuoi consigli”.

Crediamo utile far conoscere le opere che in questo periodo di tempo, 1541-1546, Calvino dette alla luce. Oltre quelle di cui abbiamo superiormente fatto parola, rammenteremo fra i primi uno scritto pieno di piccante ironìa, fatto contro la Facoltà Teologica di Parigi. Questo dotto corpo aveva redatto alcuni brevi e positivi articoli, una specie di manuale, contro le negative e le asserzioni della Riforma. Calvino suppone che un amico della Facoltà Teologica voglia rendere questo lavoro più perfetto, e corredarlo delle prove a sostegno delle avanzate proposte: ma, quest'amico, è così ingenuo, che schiera invero le prove e le ragioni, ma dice anche quello che i dottori non avrebbero osato dire, e che si terminano convenendo in una sola conclusione, cioè: Questo è vero, è divino, perché la Chiesa ne ha bisogno, perché noi non potremmo farne a meno, perché se noi perdessimo questo, perderemmo quest'altro, e poi quest'altro, e finalmente tutto; vi è tanto spirito, e tant'arte nello scuoprire tutte le nascoste astuzie del romanesimo. Ogni articolo è seguito da un'appendice intitolata, *antidoto*, rapido riassunto, ma positivo, di tutto ciò che si può dire contro la Chiesa di Roma, da chi ne conosce le infinite assurdità, che essa tiene come dommi.

Un altro scritto ha per titolo: — *Umile esortazione all'imperatore Carlo V, e alla dieta di Spira, onde vogliano seriamente pensare a far risorgere la Chiesa.* — Calvino, vi è tutta la probabilità di crederlo, aveva poca fiducia in Carlo V, e meno nella Dieta, per quello che l'uno e l'altra avrebber potuto fare, anche con le migliori intenzioni, fino a che non la rompessero con il romanesimo: scopo adunque di questo scritto tendeva meno ad illuminare l'imperatore e la Dieta, di quello che tracciare un rapido e completo quadro della corruzione della Chiesa di Roma. Questo lavoro fu grandemente lodato. Beza dice: "Nulla di più convincente e di più solido è stato pubblicato in questo secolo": e l'elogio non è esagerato. La dignità non vi è meno che la forza del ragionamento: Calvino vi figura quello che doveva essere, un avvocato cioè dell'Evangelo innanzi a tale assemblea. Non può invidiarglisi altro che, come Lutero a Vormazia, non abbia avuto l'onore di difenderlo in persona.

Non uguali elogi possiamo tributare ai suoi *Scoli sulla paterna ammonizione di papa Paolo III, all'imperatore Carlo V*; vi è energia, ma spesso manca la dignità; è vero che Paolo offre sempre il fianco all'offesa, e come papa e come uomo. Il papa, volendo ammonire Carlo V che chiama *suo caro figlio*, a non essere troppo indulgente con la eresia, porta l'esempio di Eli, che fu punito da Dio per non avere invigilato abbastanza sulla condotta dei suoi figli che divenne sregolata. Ora Paolo III aveva dei figli, noti a tutti, che aveva fatti principi, la di cui condotta era di disdoro al padre. Calvino prende il fatto che maneggia in cento modi, e facendo sempre capo ai costumi depravati dei papi, pone mordaci frizzi che si vorrebbero vedere in una discussione religiosa.

Due trattati quasi esclusivamente dominatici vennero alla luce dal 1543 al 1545. Uno contro Alberto Pighi, ed è intitolato: *Difesa della sana ed ortodossa dottrina sulla servitù e liberazione della volontà umana*; l'altro contro Pietro Caroli, con cui si attacca l'arianesimo: fu poi ristampato in francese col titolo di: *Trattato della divinità di Cristo contro gli Ariani.*

La questione dei Nicodemiti, di quelli che hanno paura di farsi pubblicamente conoscere seguaci del Vangelo, dette motivo a Calvino per scrivere: — *La discolpa di Giovanni Calvino ai Nicodemiti, sul lamentarsi che fanno del suo troppo rigore.* — Questo scritto non è una vera e propria discolpa, ma una dimostrazione della mancanza di coraggio in coloro che si dicono convertiti al Vangelo, ma che per timore e debolezza non ardiscono manifestarsi: li divide in quattro classi.

Nella prima pone coloro che non vogliono scandalizzare i deboli, come se non fosse maggiore e peggiore scandalo quello di mentire alla propria coscienza.

Nella seconda i *delicati*, coloro cioè che contentissimi di conoscere il Vangelo e chiacchierarne con le donne, ma che cercano di conciliarlo con il loro vivere nei piaceri.

Nella terza i *filosofi*, gli uomini di lettere; nella quarta i *mercanti*, gli uomini del denaro, che si trovano bene della vita di famiglia, e si lamentano se ne sono disturbati. Quanta verità in queste parole, e come a meraviglia i moralisti del secolo decimosesto hanno descritto gli uomini del diciannovesimo.

Il trattato molto curioso è quello che porta il titolo: — *Avvertimento utilissimo del gran vantaggio che otterrebbe la cristianità se si compilasse un inventario di tutti i corpi santi e delle reliquie che sono in Italia, in Francia, in Germania, in Spagna, ed in altri regni e paesi*. — E il vantaggio sarebbe di constatare a quali e quanti inganni conduce il culto delle reliquie e dei corpi detti dei santi.

Quasi ad introduzione di questo trattato, Calvino premette alcune giustissime considerazioni sul culto delle reliquie: vi scorge una di quelle cose dette da S. Paolo: "Ogni servizio di Dio inventato dagli uomini, abbenché abbia l'apparenza di sapienza, non è che vanità e follia". Ora in questo culto la stessa apparenza di sapienza è dispársa: quando la follìa fosse meno evidente nella cosa, lo sarebbe ancora più nell'abuso. E in comprova di ciò non si limita a mostrare le frodi le più manifeste, ma le ridicolezze in cui si cade, e racconta come per tanti anni a Ginevra si aveva in grande venerazione il cervello di S. Pietro; accolta la riforma, tolta dagli altari quella reliquia, si vide che era un pezzo di pomice: enumera le molte reliquie *tutte vere*, ma che in più d'un esemplare esistono in più e diverse città e paesi, e molti oggetti di venerazione venuti alla luce dopo sei o sette secoli e più, e di cui nessuno mai aveva parlato. Tali, per esempio, sono i capelli, denti e sangue di Gesù Cristo; la mangiatoia ove fu posto, le lenzuola che lo ricuoprivano, le pile delle nozze di Cana, la tavola che servì per l'ultima Cena, il lenzuolo che lo involse nel sepolcro, la vera croce, i di cui pezzi sparsi per tutto il mondo, farebbero il carico di un grosso vascello: le innumerevoli spine della corona; quattro città posseggono la lancia che ferì il costato al Signore, tre la sua veste senza cucitura. La testa di S. Giovanni Battista in frammenti, o intiera, che è in moltissimi luoghi venerata; il corpo degli Apostoli, o ammezzato od intiero, che è in più d'una città; e il lungo catalogo di queste false reliquie, è accompagnato dai più circostanziati dettagli, sono nominate le città, le chiese, i conventi che le posseggono; lo scherzo e la ironìa scorrono dalla sua penna con parsimonia, si accende di un santo zelo, si sdegna, e scaglia amari e giusti rimproveri contro la Chiesa di Roma, che autorizza sì abominevole idolatrìa.

Nella lunga lista degli scritti da Calvino pubblicati in questi quattro anni, abbiamo dimenticato enunciarne uno che ha piuttosto relazione alle lotte del periodo susseguente. Nel 1544, Calvino pubblicò uno scritto che aveva per titolo: — *Ai ministri della Chiesa di Neuchatel, contro la fanatica e furiosa setta dei Libertini, che si dicono spirituali.* — In una seconda edizione fatta nell'anno susseguente, la setta fanatica divenne setta fantastica, epiteto più esatto. I Libertini *spirituali*, si proponevano un fine, che non solamente Calvino, ma tutti i Cristiani trovavano strano e fantastico, ed era lo accomodare il materialismo al Vangelo. Per ottener ciò bisognava, o materializzare il Vangelo, o spiritualizzare il materialismo; avevano prescelta questa seconda via, d'onde il nome di *spirituali* che si arrogavano. Il loro sistema era questo: Dio è per tutto, dunque Dio è tutto: Dio è il Gran Spirito, ma è pure la materia, imperocché la materia, fino dalla eternità, è il suo involucro. Tutti i movimenti della materia non che quelli dello Spirito sono dovuti a lui, poiché egli è lo Spirito. Quindi non esiste nel mondo, in realtà, né bene, né male, né verità, né menzogna, imperocché tutto procede dal medesimo essere: l'Evangelo, in questo senso, è divino, ma alla pari di ogni altra dottrina. Tutto, per la medesima ragione, è comune a tutti, poiché tutto non è che un corpo unico, di cui tutte le parti sono a me così bene, egualmente che a quello che si chiama altrui. Lo scritto di Calvino confutava questi errori, ma si erano così diffusi, che fu cosa malagevole, spinosa, e di grave pericolo per la Chiesa di Ginevra; ma la verità la vinse.

La lotta si riaccese e durò nove anni. Lutero si era addormentato nella pace del Signore; Calvino restava all'opera, condannato a continui combattimenti nel mezzo stesso del campo formato dalle sue mani nel centro della generale battaglia. Per nove anni fu sempre sul punto di essere, non vinto, imperocché non era di quelli che si lasciano vincere, ma schiacciato; per nove anni temeva ogni mese, ogni settimana, essere scacciato dalla città che rendeva illustre e potente nel mondo tutto: nove anni li passò come sopra un vascello incendiato che brucia i piedi del capitano, e che non pertanto gli obbedisce sempre, e che nel combattimento non è meno temibile e temuto.

La città era divisa in due: la Ginevra di Calvino, e la Ginevra dei Libertini: ma immensa differenza passava fra l'una e l'altra. Formavano la prima uomini seri, religiosi, morali, tutti gli esiliati che si erano rifugiati sotto lo scudo del Vangelo, tutti coloro che venivano a cercare la luce per portarla poi attraverso le prigioni ed i roghi per tutta la Europa: la seconda era formata da un pugno di persone insipienti che sotto la loro audacia dissimulavano il piccol numero, e non cercavano però nascondere i loro disordini sotto qualunque forma di rispetto per la religione e per le leggi.

Un giorno Calvino, nella sua vasta sala della canonica, dietro la cattedrale, faceva la sua lezione di teologia. Attorno alla cattedra erano affollate centinaia di uomini, futuri martiri e predicatori: ad un tratto si sentono al difuori grida, risa, e rumori: erano quindici o venti Libertini che, per odio contro Calvino, venivano a dare un saggio del loro modo di comportarsi, e di quello che essi chiamavano libertà. Ecco quali erano le due Ginevre: l'una o l'altra doveva necessariamente perire. La storia di quella che perì ci condurrebbe a raccontare empietà, immoralità, ribellioni; ma la tralasciamo, allontanandoci di troppo dallo scopo che ci siamo proposti.

La lotta si esasperò nel 1546 per causa della condanna al carcere inflitta dal Concistoro a Benedetta moglie di Pietro Ameaux: marito e moglie ambedue puniti, la prima per i di lei sentimenti anticristiani, il secondo per aver disprezzata la proibizione di fabbricare le carte da gioco: ma divenne poi accanita per il fatto di Giacomo Gruet già canonico, e ora capo dei Libertini: era impudentemente incredulo: teneva disprezzanti propositi contro il cristianesimo e di ogni altra religione: tutti lo sapevano, ma le prove mancavano. Un giorno, si trova sul pulpito uno scritto pieno d'ingiurie contro Calvino ed i suoi colleghi. I sospetti cadono su Gruet: è arrestato: perquisito, gli si trovano scritti blesflematori contro di Cristo, ed una corrispondenza, nella quale si contenevano trattative per dare Ginevra in mano del duca di Savoia: fu processato, condannato e decapitato. I nemici di Calvino gridano all'iniquità; infamia, essi dicono, condannare a morte per alcune ingiurie scritte contro Calvino: ma accecati dall'odio dimenticano che fu condannato all'ultimo supplizio reo convinto di alto tradimento.

A questo fatto tenne dietro la dolorosa storia di Amedeo Perrin, il vecchio amico di Calvino. La di lui moglie, figlia di Francesco Favre, più volte aveva ricevute delle reprimende dal Concistoro, ma inutilmente: alla perfine è mandata in esilio con il di lei padre inebetito dagli stravizi. Perrin era in Francia con ambasciata per la Repubblica: nel suo ritorno conduce seco la moglie in città: per riguardo alla sua missione è scusato di quest'atto arbitrario, ma però è destituito dalla carica di capitano generale della repubblica, carica che in caso di guerra poneva sotto la sua mano il comando di tutte le forze ginevrine.

I Libertini prendono motivo da questa destituzione per fare tumulto. I Consigli erano divisi, la città è in preda a violenta agitazione. Si grida contro Calvino, contro i pastori. In una seduta del Consiglio dei dugento, si discutono i provvedimenti che debbono prendersi; la discussione è violenta, dalle parole si teme che si giunga ai fatti, Calvino, non curando ai consigli dei suoi amici, v'interviene: al suo apparire i rumori aumentano, molti sguainano le loro spade, si scagliano su lui: egli si avanza impassibile, e incrociate le braccia si ferma: a quest'atto di audacia succede il silenzio: allora egli dice: "So che io sono la principale causa di queste discordie, si vuole del sangue, si versi il mio"; il silenzio continua e diviene più profondo, egli prosegue: "Si vuole il mio esilio, mi si esili: si vuole anche una volta tentare di salvare Ginevra senza l'Evangelo, si tenti". A queste parole tornano alla mente di tutti i difficili momenti nei quali la città si trovò nel primo esilio del Riformatore; gli animi si calmano ed all'unanimità si vota un completo oblìo del passato. Calvino riprende la parola e rammenta che nella prossima festa del Natale, ogni rancore debb'essere scacciato e tornare la pace: e la pace e la calma venne, ma i principi opposti rimasero e nella esistenza di queste, gli uomini non possono restare amici che per poco tempo.

La calma dunque non era che in apparenza, non pertanto l'anno 1548 scorre assai tranquillamente: però Calvino si lamenta in Consiglio perché Perrin ed altri si astengono dal prendere la Santa Cena: son queste le loro promesse? forse egli ne è la causa? anzi a buon diritto egli avrebbe di che lamentarsi poiché i Libertini lo cuoprono d'ingiurie: quando egli passa lo fischiano: danno il suo nome ai loro cani, invece di Calvino lo chiamavano *Caino*: si danno gran moto nell'elezioni, e riescono a far nominare primo sindaco Perrin.

Per questa nomina tutto sembrava perduto, il solo Calvino

non dispera: si riconcilia con Perrin, e ottiene che il Consiglio pubblichi un manifesto nel quale, enumerando i disordini della città, si ha intenzione di impedirli ad ogni costo, e punire i colpevoli: e si tenne la parola imperocché fu condannato a morte Raoul Monnet che aveva poste alla pubblica mostra oscene stampe intitolandole: "Scene bibliche". I personaggi del Vecchio e Nuovo Testamento erano figurati nelle più riprovevoli posizioni: questa severa pena non spiacque neanche ai Libertini.

Ma vi restavano altre cause, le quali sebbene futili pure concorrevano con le gravi ad aumentare il mal'umore: anche queste dovevano togliersi e farsi sparire.

Le Ordinanze proibivano porre al battesimo dei nomi che sotto il romanesimo avevano unita un'idea superstiziosa. Si credeva che quei bambini a cui si fosse posto il nome di *Claudio*, avrebbero lunga vita, di *Baldassarre* florida salute, perché tali nomi avevano questo significato: or, nonostante la proibizione, volevano darsi questi nomi; i pastori li recusavano; ciò dava luogo a questioni e a reclami al Consiglio, il quale era obbligato a dar ragione a chi si basava sulla legge. Lo stesso per la Santa Cena: i Libertini negavano al Concistoro il diritto di allontanare dalla tavola chiunque fosse che vi si presentasse: altra volta era stata portata la questione al Consiglio ed era rimasta insoluta: un tal Berthelier, uomo da tutti conosciuto per la scandalosa vita, la ripropone chiedendo che si annulli la decisione del Concistoro che lo allontanava dalla mensa, ed il Consiglio composto della maggioranza di Libertini decide: "Che colui il quale nella sua coscienza crede poter comunicarsi, è libero farlo, e nessuno può impedirlo"; decisione giusta sotto moltissime riserve, ingiusta perché patentemente contraria alle Ordinanze che erano legge: Calvino dichiara che mai ubbidirà a sì ingiusta decisione che lascia impunite le più schifose immoralità, e che finché egli vive Berthelier non sarà ammesso alla comunione. Il Consiglio, per evitare disordini, prega Berthelier ad astenersi dal comunicarsi, egli nulla promette, e fa correr la voce che si presenterà alla Cena accompagnato da buon numero di amici.

Il tre del mese di Settembre era giorno di comunione. Calvino monta sul pulpito: scorge fra i suoi uditori un buon numero di Libertini, e i loro volti manifestano la mala intenzione che li domina: Calvino è tranquillo: la calma apparisce in lui almeno esternamente: come Farel nel 1538, predica sulle disposizioni che debbono aversi nel prendere la S. Cena, e termina dicendo: "Quanto a me, finché Dio mi lascerà qui, poiché mi ha dato la costanza, e che ho imparato da Lui, ne userò qualunque cosa mi avvenga, e mi comporterò secondo la regola del mio Maestro che è chiara e nota a tutti. Siccome siamo per prendere la Santa Cena, se vi è qualcuno a cui il Concistoro abbia inibito di farlo, e non ostante si accostasse alla tavola, è certo che io mi mostrerò, a costo della vita, quello che debbo essere".

Terminata la liturgìa, discende dal pulpito, e benedice il pane ed il vino. I Libertini si alzano, e si affollano intorno alla tavola. Calvino, cuopre con le sue mani i sacri simboli e dice ad alta voce: "Potete tagliarmi le mani, farmi a pezzi, versare il mio sangue, ma non mi obbligherete mai a dare le cose sante ai profani". A quest'atto, alle sue parole, i *profani* si arrestano, si guardano, guardano attorno di loro. Un mormorio di sdegno s'innalza nella moltitudine, e se non fosse stata la santità del luogo sarebbe scoppiato in grida: il popolo è con Calvino. I Libertini esitano, indietreggiano: la moltitudine nel suo agitarsi lascia un passo libero per il quale escono: partiti che sono, la Cena è distribuita ai fedeli, commossi e superbi del loro pastore e contenti della di lui vittoria.

Calvino si aspettava essere esiliato: ne tenne parola nel sermone del dopo mezzogiorno: egli dice: "E questa forse l'ultima volta che parlo a te, popolo ginevrino: ma sono deciso di non far mai nulla se non è secondo Dio, e la mia voce si farà sempre sentire: quando mi si costringerà a tacere, me ne andrò". Scelse per testo del suo sermone, l'addio di Paolo agli Efesi: ripeté in mezzo al suo numeroso uditorio, e fra le lacrime di tutti, le Parole dell'apostolo: "Vi raccomando a Dio e alla Parola della sua grazia" (Atti XX, 32). Si ritirò in casa, e aspettava da un momento all'altro l'ordine di partire. L'ordine non venne: egli prese coraggio, e nel popolo nacque maggiore stima e fiducia di lui.

Farel pure ebbe il suo trionfo. Venuto di Neuchatel a rimpiazzare Calvino ammalato, e, diciamolo pure, ad assistere alla morte di Serveto, imperocché il di lui processo avveniva in questo frattempo, in un sermone attaccò i Libertini, e li chiamò Atei. E accusato al Consiglio, che lo cita a comparire innanzi a lui: egli era già ritornato a Neuchatel e i magistrati di quella città vogliono impedirgli che si presenti avanti i giudici ginevrini: egli nol consente e torna a Ginevra: appena ha messo il piede nella città è riconosciuto, è insultato, e molte voci gridano attorno a lui, al Rodano, al Rodano. Egli arringa il popolo e dice: "Queste medesime grida venti anni fa le udii uscire dalla bocca dei frati e dei papisti". Allora alcuni suoi amici lo attorniano, lo difendono: il giorno dopo si presenta avanti il Consiglio ed è pienamente assoluto.

Nuovi tentativi di pace e concordia son fatti dal Consiglio: credevasi esser giunti ad ottenere la sospirata pace: Berthelier ed i suoi aderenti pareva che si fossero acquetati: ma non lo sono, e nuove pretensioni messe innanzi e recusate, riaccendono la disputa. I Libertini, soffrendo di mal animo che le cose volgano contro di loro, congiurano rovesciare il governo e rendersene padroni: la sera del 18 Maggio 1555, comincia la rivolta, che vien sepolta nel sangue di molti, e con l'esilio di moltissimi: ma i ribelli cospirano anche nell'esilio, inducono quei di Berna a imporre al governo di revocar l'esilio, e andati vani i loro sforzi ne tentano un ultimo, rivolgendosi al duca di Savoia, e uniti ai di lui soldati assalgono la città, ma ne sono respinti: questo periodo della storia ginevrina è conosciuto sotto il nome di *Scalata*: fallito il tentativo, il governo prese maggior forza ed il partito di Calvino restò padrone del campo.

Gli avvenimenti che abbiamo narrati, sono più politici che religiosi: conviene tornare un poco indietro per narrare di questi, non meno sventurati di quelli, e in cui come in quelli la fermezza di Calvino poté ottenere la vittoria.

Egli è naturale, la lotta politico religiosa cui era stato passivo Calvino, aveva avuta molta influenza sul di lui animo grandemente religioso: il vedersi sempre contrariato, svillaneggiato, insultato, gli era di grave martoro: scrivendo al suo amico Wolff gli dice: "Sarebbe meglio che io fossi una volta bruciato dai papisti, piuttosto che continuamente torturato da costoro: un sol pensiero mi sorregge in questo duro servigio, ed è che la morte verrà presto a congedarmi da questo mondo". Ed aveva ragione, imperocché coloro che fosser venuti a Ginevra per conoscere l'uomo che riempiva della sua fama tutta l'Europa, lo avrebbero veduto, perseguitato, insultato, deriso, e sarebbero stati testimoni delle più vergognose scene che avvenivano sotto le di lui finestre. A ricolmare il calice delle sue amarezze, si aggiunse la malattia e quindi la morte della sua cara Idoletta.

L'abbiamo lasciata immersa nel dolore per la morte del terzo ed ultimo figlio: i ripetuti dolori sono di grave danno alla delicata di lei salute: questi ultimi anni scorrono nel languore, nelle pene, nella malinconìa. Le assidue cure del medico Benedetto Testore, sono impotenti a ridonarle la perduta salute. Nell'aprile 1549, peggiorò notabilmente. Gli amici di Calvino, Beza, Hotman, Gallars e Lorenzo di Normandia temendo una vicina sventura sen vanno a Ginevra. Idoletta si è già distaccata da questa terra: raccomanda i figli a Calvino. La malattia fa rapidi progressi: era il 6 Aprile: il ministro Bourgoin è accanto al di lei letto, e la esorta: ella esclama: "Oh gloriosa resurrezione! Oh Dio di Abramo e dei nostri padri!". Alle sette sviene. Calvino le si accosta, e con voce sommessa le parla della grazia di Cristo, del terrestre pellegrinaggio, della sicurezza di una beata eternità, e termina con una fervorosa preghiera: la moribonda è calma: alle 9 spirò placidamente: sembrò che si addormentasse.

Calvino fu dolentissimo per la morte della sua Idoletta: ne scrive ai suoi amici; a Wolff dice: "Ho perduto la eccellente compagna della mia vita, quella che non mi avrebbe mai abbandonato né nell'esilio, né nella miseria, né nella morte: mi era di prezioso aiuto: mai pensava a sé. Freno più che posso il mio dolore: i miei amici fanno il loro dovere, ma essi ed io guadagniamo poco. Tu conosci la tenerezza del mio cuore per non dire la debolezza. Soccomberei se non mi sforzassi a vincere la mia afflizione".

La memoria della sua Idoletta non si cancellò mai dal suo cuore: non proferiva il suo nome senza un profondo rispetto, ed una tenera venerazione. Calvino perdendo Idoletta non solo restò privo di una compagna del suo ministero, della sua vita, ma perdé una donna virtuosa. Se il dovere della donna cristiana è di consolare e benedire, di rammentare agli uomini i diritti della carità, troppo disconosciuti nei secoli delle rivoluzioni, niuna donna fu più degna d'Idoletta nel compiere presso del riformatore una tal missione. Ben spesso, malato, attristato, addolorato per le opposizioni degli uomini e per quella delle cose, che non si piegano che lentamente ai proponimenti del genio, Calvino restò troppo presto privo degli affetti domestici per i quali era nato, e dei quali non provò che per soli nove anni la salutare influenza. Quante volte senza dubbio, negli anni di eroiche lotte e segreti abbattimenti, di cui la sua corrispondenza ne riproduce le fasi, non trovò la calma accanto alla dolce e coraggiosa moglie che non sapeva mai transigere con il dovere? Quante volte fu calmato, vinto da una di quelle parole che vengono dal cuore e di cui la donna sola ha il segreto? E quando finalmente vennero giorni più difficili, quando la controversia delle opinioni, mescolatasi all'urto dei partiti, suscitò Bolsec, Serveto, Gentilis, chi può dire quanto i consigli e la pietosa influenza di Idoletta de Bure mancarono al riformatore?

Dopo la morte d'Idoletta, sursero le questioni religiose con

Bolsec, Serveto e Gentilis: daremo un breve cenno di quella avuta con Bolsec: ci tratterremo più a lungo su quella con Serveto, come che per questo i nemici del riformatore ne formulino atroce accusa.

Giovanni Bolsec era stato frate carmelitano a Parigi. Denunziato alla inquisizione per alcuni di lui sermoni che avevano sentore di riforma, era stato obbligato a partirsi da quella città, esulare dalla Francia e si era refugiato a Ferrara: abbandonò quella città e dopo alcuni viaggi si ridusse a Ginevra non come teologo, ma come medico; ben presto si ridette alla teologia, e fece conoscere che le sue opinioni religiose, ed in specie sulla predestinazione, non erano d'accordo con quelle della dottrina e teologìa ginevrina: la Compagnia dei pastori lo ammonì, e promise tacersi: mantenne la promessa per alcuni mesi; ma il 16 Ottobre, sentito in un sermone di Calvino, esporre in tutto il suo rigore la dottrina della predestinazione, la sua coscienza ne fu grandemente urtata, prese la parola, e con vivacità dimostrò che non solamente ella era un errore, ma un'eresia, e si dichiarò pronto a dimostrarlo vie maggiormente quando si sarebbe voluto: Calvino rispose con altrettanta vivacità, e la disputa fu di tanto scandalo, per le improntitudini di Bolsec che fu tradotto in prigione. I Pastori si riunirono, e decisero doversi avere una conferenza con Bolsec davanti il Consiglio: e la conferenza ebbe luogo e durò due giorni. Bolsec difese con dottrina la sua tesi, e mostrò con chiara evidenza che Calvino conduceva a far vedere Dio autore del male. Calvino rispose con ugual dottrina, ma non riuscì a cancellare dalla mente del Consiglio gli stringenti argomenti di Bolsec, di modo che, ondeggiando in grande incertezza, deliberò scriversi alle Chiese svizzere per sentire le loro opinioni. La Chiesa di Zurigo consigliò la severità, Berna, Basilea la indulgenza.

Il 18 Dicembre fu proferito un decreto dal Consiglio, severissimo nella forma, indulgente nella sostanza. Bolsec fu esiliato, e gli fu ingiunto di mai più tornare a Ginevra. Al suo solito, i nemici di Calvino fanno di questa condanna un capo di accusa contro di lui, tacciandolo di avere chiesta una pena più rigorosa di cui il processo non dà il minimo segno. Bolsec, ritornato al papismo, ventisei anni dopo la disputa, e tredici dopo la morte di Calvino, pubblicò un abominevole libro contro il Riformatore, che intitolò — *Storia della vita, costumi, atti, dottrina e morte di Calvino.* — Il frate volle riabilitarsi coi preti, a suono d'ingiurie e vergognose menzogne contro il Riformatore: deplorevole vendetta, sono però più a deplorarsi coloro che vi prestarono fede: tante furono e sì sconcie le calunnie, che disgustastarono fino molti papisti, talché alcuni storici contemporanei, ed altri venuti dopo presero a dimostrarne la falsità: Papiro Masson e Raemond, fanatici nemici di Calvino, lo fecero nel secolo XVI, nel XVIII, lo storico del Calvinismo Maimbourg, e ultimamente Du Pin e Drelincourt.

Dopo la disputa di Bolsec , vien quella di Serveto, più importante per la dottrina, più trista per la catastrofe con cui si chiuse.

Serveto[5] nacque a Villanova in Spagna nel 1509; giovane vivace, dava grave pensiero al padre, temendo che un giorno o l'altro il tribunale della Inquisizione lo chiudesse nelle sue carceri, per qualche inconsiderato discorso; lo mandò in Francia. A Tolosa, 1528, accolse le idee della Riforma: facile agli studi, si era dato al diritto, alla medicina, alla teologia; nelle sue opere vi s'incontrano tutte queste scienze; la sua prima opera sulla Trinità, al quinto libro parla della circolazione del sangue. È lavoratore infaticabile come tutti gli scienziati del secolo decimosesto, ardito, come quelli del diciottesimo.

Nel 1530 abbandona Tolosa, traversa l'Italia; a Bologna assiste all'incoronazione di Carlo V, si dirige verso l'Alemagna, si ferma a Basilea, per conferire con Ecolampadio, poi va a Strasburgo per udire Bucero e Capitone; nel 1531 è a Haquenau ove pubblica i suoi sette libri — *Degli errori sulla Trinità.*

---

5 Nella prima opera che pubblicò si chiama — *Revesto.*

Non avendo questa sua opera incontrato favore nel pubblico religioso, pensò abbandonare la teologìa, e sotto il nome di Villanuova nel 1533 torna a Parigi, ove fece brillanti studi in medicina; non abbandonò le questioni religiose, e ricorderemo che cercò avere una pubblica conferenza con Calvino, la quale però non ebbe luogo, per impreviste circostanze. Difettando di mezzi, nel 1535 va a Lione, qual correttore di stampe: in quella città pubblica, con pregevoli annotazioni, la geografia di Tolomeo. Nel 1537 ritorna a Parigi, ove acquista fama insegnando la geografia, la matematica, e l'astronomìa; per le ardite opinioni che manifesta, la Sorbona lo accusa, e provoca contro di lui una sentenza del Parlamento; obbligato a lasciare Parigi, ritorna a Lione, ove per due anni esercita la scienza salutare. Nel 1540 si stabilisce a Vienna nel Delfinato, ove era il suo protettore Pietro della Palma. Esercita la medicina, ma non trascura gli altri studi: pubblica una seconda edizione del Tolomeo, ed una Bibbia in latino con una prefazione e note.

È da questa città che intavola corrispondenza con Calvino: panteista ed anabbatista, aveva falsissime idee sulla Trinità. Il Riformatore vede in queste il rovesciamento del cristianesimo, e quindi sente obbligo doveroso di combatterle con tutte le sue forze.

Nel 1553 uscì dalla tipografia di Vienna (Francia) un'opera intitolata: — *La riparazione del Cristianesimo*, — fu attribuita a Serveto: il di lui nome non vi si leggeva, ma facilmente s'indovinò esserne l'autore[6].

La Corte di Roma ordinò al tribunale dell'Inquisizione di Lione, di processare Serveto: ebbe una perquisizione, quindi fu arrestato, e subì gl'interrogatori, ma gli riuscì fuggire dalla prigio-

6 Alla fine del libro si vedevano M. S. V. — 1553, che subito furono spiegate: Michele Serveto Villanovano. Questa edizione è rarissima; si dice non esistere che tre sole copie: una delle quali è alla Biblioteca del Re a Parigi.

ne: il processo proseguì e terminò con la di lui condanna ad esser bruciato; la sentenza fu eseguita in effigie.

Serveto giunge a Ginevra; saputosi dalla Inquisizione che si era rifugiato in quella città, ne fece domanda di consegna al governo, che la respinse. I Libertini si aggruppano intorno a Serveto, nella folle speranza di farne un potente antagonista a Calvino.

Il 13 Agosto 1564, Calvino è informato della presenza di Serveto a Ginevra; dirige ai Sindaci la domanda del di lui arresto, ed uno di questi ne rilascia l'ordine; ma siccome per le leggi ginevrine nessuno poteva essere arrestato sulla denunzia di un privato, se questi non si costituiva in prigione, Niccola Fontana, segretario del Riformatore, si costituì in prigioniero, e presentò una querela di trentotto articoli redatti da Calvino, sui quali fu interrogato immediatamente Serveto; alcuni ne confessò, altri negò.

Il giorno dopo l'arresto di Serveto, il Consiglio si adunò, e lo fece comparire innanzi a lui; Serveto cercò scusarsi e difendersi, e propose una pubblica discussione con Calvino; Calvino la desiderava, ma il Consiglio la ricusò.

Il 16 Agosto, vi ebbe nuova seduta, nella quale vennero alle prese il difensore dell'accusato e dell'accusatore. Calvino credé giunto il momento d'intervenirvi, si fece accusatore e fu autorizzato ad assistere agli interrogatori; ve ne ebbe uno lunghissimo; fu una vera disputa, nella quale Serveto fece la sua larga professione di fede panteistica, che produsse il più sinistro effetto sui giudici.

Il Consiglio opinò doversi scrivere a Vienna (Francia), per avere comunicazione del processo e della sentenza proferita contro Serveto, e alle Chiese svizzere per conoscere le loro opinioni. La cosa spiacque a Calvino, temendo che si fosse indulgenti con Serveto, come lo si fu con Bolsec.

Il processo continuò, ma subì una nuova fase; provata la eresia, si dubitò della competenza del Consiglio a punirla: molti obietti si mettevano innanzi per sostenerla, ma il Consiglio si credé competente, ritenendo che era succeduto alla Chiesa, ed in lui si erano concentrati tutti i diritti di questa e dell'impero.

La sorte di Serveto non si dibatteva solamente avanti il Consiglio, ma pendeva anche innanzi al popolo. I Libertini si erano dichiarati di lui partigiani e protettori. Fu domandato a Serveto di rispondere in scritto ai trentotto articoli di accusa: lo fece con audacia e con molte parole ed espressioni ingiuriose, e così somministrò la regina delle prove, la confessione cioè del proprio errore. Calvino vi rispose, e trionfantemente; fu deciso che la difesa e la risposta fossero mandate alle Chiesa della Svizzera.

Il Consiglio pendeva in grandi incertezze, che erano di grave sconforto a Calvino, per timore di una possibile assoluzione, che a parer suo porterebbe al completo rovesciamento del suo edificio morale, politico e religioso, e tanto era lo sconforto, che gli balena alla mente di allontanarsi perfino dalla città; i suoi amici lo incoraggiano, e lo assicurano che l'errore sarà fatto manifesto, e la verità risaltarc.

Le incertezze del Consiglio sono prese in buono augurio da Serveto; dalla prigione dirige al Consiglio una lunga lista di articoli sui quali chiede che sia interrogato Calvino, venga imprigionato, come lui, scacciato dalla città qual mago, e i di lui beni confiscati e aggiudicati a lui Serveto, in compenso dei danni per causa di esso sofferti.

La prigionia di Serveto durava da più di un mese; vi era trattato come un vile malfattore; difettava di tutto; avanza calorosi lamenti al Consiglio, il quale provvede che la sorte del prigioniero sia meno trista. Ma se nell'interno della prigione, le cose andavano a seconda dei desideri di Serveto, al difuori vertevano contrariamente a lui. Erano venute le risposte delle Chiese, dei pastori, dei governi, a cui erano state dirette le domande di colpabilità, o non colpabilità di Serveto.

Contenevano una unanimità completa , scoraggiante; tutti chiedevano la morte dell'Antitrinitario.

Berna e Basilea, sì indulgenti due anni fa per Bolsec, non

hanno per Serveto che espressioni d'orrore: "Preghiamo il Signore, dicono i Pastori di Berna, che vi conceda uno spirito di prudenza, di consiglio, di forza, affinché mettiate la vostra Chiesa e le altre al sicuro di questa peste". I Pastori di Basilea, si rallegrano di vedere Serveto nelle mani dei magistrati di Ginevra, affinché conforme al dovere e potere che hanno da Dio, lo frenino in modo da non molestare più la Chiesa di Cristo. I Pastori di Zurigo scrivono: "Noi crediamo che dobbiate spiegare molta fede e molto zelo, sopra tutto perché le nostre Chiese hanno la cattiva riputazione di essere eretiche e di favorire le eresìe. La divina Provvidenza offre una occasione di lavare, voi e noi da questa ingiuriosa accusa". Sciaffusa aderì alle ragioni dei Pastori di Zurigo, e aggiunse: "Bisogna reprimere le bestemmie di Serveto, le quali sono una cangrena per il corpo di Cristo, imperocché tentare di convincerlo dei suoi errori, sarebbe lo stesso di voler persuadere un matto".

Le risposte dei Governi sono anche più esplicite, cosicché tutta la Svizzera protestante, costituita in giurì, pronunzia all'unanimità la condanna dell'accusato; nessuna circostanza attenuante è messa in campo, nessuna domanda né diretta, né indiretta, è avanzata per il perdono e per la indulgenza, tutti aderiscono alla morte. E il Consiglio di Ginevra non poteva che pronunziarla, e la pronunziò nel 26 Ottobre 1553. Il giorno dopo (27), il Luogotenente ed il segretario della giustizia entrarono nella prigione, e dissero al condannato: "Vieni con noi ad ascoltare la buona volontà dei nostri Signori". Serveto obbedì, e accompagnato da Farel andò davanti alla porta del palazzo della città, e, secondo il costume di quei tempi, fatto salire sul palco dei condannati, udì dalla bocca del Sindaco Darlod la seguente sentenza:

"Fatto e compilato avanti di noi temibili Signori Sindaci, giudici delle cause criminali di questa città in seguito della requisitoria avanzata dal nostro Luogotenente contro Michele Serveto da Villanuova nel regno di Aragona in Spagna.

"Il quale primieramente è stato accusato di aver fatto stampare ventidue o ventitré anni fa un libro ad Àgnon in Germania contro la Santa ed individua Trinità, contenente molte e gravi bestemmie contro di essa, con gran scandalo delle Chiese di Alemagna, qual libro ha spontaneamente confessato di averlo fatto stampare, non ostante che sapienti e dotti evangelisti gli abbiano fatto conoscere la falsità ed erroneità delle sue opinioni.

"Item, qual libro è stato dai dottori delle Chiese di Germania, come pieno di eresìa, riprovato, e per causa del quale detto Serveto dové fuggire da quel paese.

"Item, e non ostante ciò il detto Serveto ha perseverato nei suoi falsi errori, infettandone molti.

"Item, e non contento di questo, per meglio divulgare e spandere il suo veleno, non è molto tempo ha fatto di nascosto pubblicare un altro libro a Vienna nel Delfinato ripieno anch'esso delle medesime eresie, di orribili ed esecrabili bestemmie contro la Santa Trinità, il Figlio di Dio, il battesimo dei fanciulli e molte altre dottrine e dogmi della religione cristiana.

"Item, ha spontaneamente confessato che in quel libro tutti quelli i quali credono nella Trinità, sono da lui chiamati trinitari e atei.

"Item, che la Trinità la chiama mostro e diavolo a tre teste.

"Item, e andando contro il vero fondamento della religione cristiana e bestemmiando orribilmente contro il Figlio di Dio, ha detto, Gesù Cristo non esser Figlio di Dio fino dalla eternità, ma solamente da che prese carne umana.

"Item e contro quello che la Scrittura dice, Gesù Cristo esser Figliuolo di David secondo la carne, egli lo nega, dicendo essere stato creato dalla sostanza di Dio Padre, avendo da lui ricevuti tre elementi ed uno solamente dalla Vergine: per il che pretende abolire la vera e completa umanità del nostro Signore Gesù Cristo, possente consolazione del povero genere umano.

"Item, dice che il battesimo dei fanciulli è una invenzione

del diavolo e delle streghe.

"Item, e molti altri punti ed articoli ed esecrabili bestemmie, delle quali quel libro è zeppo, enormemente scandaloso e contro l'onore e la maestà di Dio, del Figlio di Dio, e dello Spirito Santo, crudele ed orribile dannazione, perdizione, e rovina di molte povere anime, essendo per questa sleale e detestabile dottrina tradite. Cosa orribile a dirsi.

"Item, e detto Serveto pieno di ogni malizia intitolò questo libro, diretto contro Dio e la sua santa dottrina, *Restituzione del Cristianesimo*, onde meglio sedurre ed ingannare i poveri ignoranti, e più facilmente trasmettere il suo mortifero veleno ai lettori, sotto la apparenza della buona dottrina.

"Item, ed oltre questo libro, ha sobillata la nostra fede con lettere, e, non pensando ad altro che ad infiltrare del suo veleno, ha volontariamente confessato e convenuto di avere scritte lettere ad uno dei ministri di questa città, nelle quali, fra le molte ed orribili bestemmie contro la nostra santa religione evangelica, dice che il nostro Evangelo è senza fede e senza Dio, e che invece di un Dio abbiamo un cerbero a tre teste.

"Item, e per sopra più ha volontariamente confessato che nel luogo superiormente indicato, a Vienna, per causa del suo cattivo ed abominevole libro ed opinioni, fu imprigionato, e che perfidamente evase.

"Item, e detto Serveto, non solamente si è elevato contro la vera religione cristiana, ma come arrogante innovatore di eresìe, contro i papisti ed altri, di guisa che a Vienna stessa fu bruciato in effigie, con cinque balle dei suoi esecrabili libri.

"Item, e non ostante questo, essendo nelle prigioni di questa, città non ha cessato di persistere maliziosamente nei suoi detestabili errori, cercando di sostenerli con ingiurie e calunnie contro ogni sincero e fedel Cristiano, a cui sta a cuore la religione, chiamandoli trinitari, ateisti, stregoni, non ostante le ammonizioni fattegli in Germania, e a dispetto delle riprensioni, imprigionamento e correzioni da noi fattegli, come ampiamente resulta ed è contenuto nel suo processo.

"Noi Sindaci, giudici delle cause criminali della città,

"Veduto il processo fatto e compilato davanti a Noi ad istanza del nostro Luogotenente, contro di Te, Michele Serveto da Villanuova nel regno di Aragona in Spagna, dietro il quale e per le tue spontanee confessioni avanti di noi reiteratamente fatte e per i tuoi libri avanti di noi prodotti, ci consta e appare:

"Tu, Serveto, avere da molto tempo propalata dottrina falsa e completamente ereticale, e quella sostenendo non ostante ogni osservazione e correzione, con maliziosa e perversa ostinazione, con perseveranza sparsa e divulgata con la stampa di molti libri contro Dio Padre, Figlio, e lo Spirito Santo, in una parola contro i veri fondamenti della religione cristiana, e con la intenzione di fare scisma e turbolenza nella Chiesa di Dio, per cui molte anime sono state rovinate e perdute: cosa orribile, spaventevole, scandalosa e infettante, e non hai avuto vergogna né orrore ad intieramente elevarti contro la maestà divina e santa della Trinità: così hai fatto di tutto e ti sei ostinatamente impiegato ad impestare il mondo delle tue eresìe e puzzolenti veleni ereticali. Crimine e delitto di eresìa grave e detestabile e meritevole della più grave punizione corporale. Per queste cause giuste e moventi l'animo nostro, desiderando purgare la Chiesa di Dio da tale infezione, e staccare da quella un membro putrido, avendo richiesto consiglio ai nostri concittadini, e avendo invocato il nome di Dio, per dare un giusto giudizio, sedendo in tribunale nel luogo dei nostri maggiori, avendo Dio e le sue Sante Scritture davanti ai nostri occhi, nel nome del Padre, del Figlio, e dello Spirito Santo, con questa definitiva sentenza, che ti lasciamo qui scritta:

"Tu, Michele Serveto, condanniamo ad essere incatenato e condotto al Champel, ivi legato ad un palo bruciato vivo insieme al libro sì manoscritto che stampato, fino a che il tuo corpo non sia ridotto in cenere, e così terminare i tuoi giorni per essere di esempio agli altri che come te volessero commettere tal delitto. E a te, o nostro Luogotenente, comandiamo di immediatamente eseguire questa nostra sentenza".

Terminate appena queste parole, Serveto fu preso da spavento, e gridando aver errato per ignoranza, e aver voluto attenersi alla Scrittura, supplicava che gli si commutasse il gastigo in una meno rigorosa pena. Si fu inesorabili; fu condotto al supplizio: Farel assiste il paziente dal quale non poté ottenere, nemmeno alla vista del rogo, una parola di ritrattazione. Giunto al Champel, Farel domanda a Serveto se vuole che il popolo preghi per lui; alla sua affermativa, e sull'invito di Farel, la moltitudine innalza preghiere a Dio per la conversione del condannato; egli persiste nei suoi errori: il carnefice lo lega al palo, al fianco gli son legati i suoi libri, causa del suo supplizio, in capo una corona di foglie intinte nello zolfo; si dà fuoco al rogo, un grido di spavento esce dalla bocca di Serveto, un'ora dopo era ridotto in cenere. Dio sia benedetto, tali auto-da-fè il mondo civilizzato non permetterà mai più.

La Chiesa romana accusa Calvino per aver punito con il fuoco Serveto; è l'accusa di chi ha inventata la pena, e non vuole che altri se ne serva; la Chiesa romana accusa la Riforma di quest'auto-da-fè, e si tace dei suoi mille e mille: la Chiesa protestante non ha mai bruciato chi si è dichiarato Romanista, ma la Chiesa di Roma ha bruciati milioni di Protestanti. Se Serveto fosse stato bruciato per sentenza della Chiesa di Roma, tutti avrebbero applaudito: nessuno ha alzato la voce contro la sentenza dei Giudici di Lione, che essi pure lo condannarono al fuoco e lo bruciarono in effige. Ginevra, perché Ginevra, è accusata di crudeltà: nell'accusa non vi è né generosità, né verità. Noi non approviamo quel supplizio, deploriamo solamente che in quei tempi fosse il prescelto nelle condanne per delitti contro la religione di Cristo, e sanzionato dal Diritto Canonico, e dalla Chiesa di Roma prescelto.

Sembra che Calvino presentisse che su lui solo sarebbe caduta tutta la colpa per la condanna di Serveto, poiché, nel 1554, un anno dopo la morte di quello sventurato, pubblicò la sua *Dichiarazione*, nella quale, oltre il mantenere la vera fede di tutti i Cristiani sulla Trinità, contro gli errori di Michele Serveto Spagnuolo, mostra pure esser permesso punire gli eretici, e che a buon diritto è stato quel cattivo condannato dal Consiglio di Ginevra.

CAPO VI.

Martiri di Francia. I cinque prigionieri di Lione; lettere di conforto che manda loro Calvino; sue sollecitudini per la Riforma in Inghilterra. Lettere al reggente duca di Sommerset, al re Edoardo VI, a Cranmer. Sue opere e Commenti sul Vecchio e Nuovo Testamento. Altri suoi scritti. Interim. Primo Sinodo a Parigi. Costituzione della Chiesa. Conferenza. Sinodo Provinciale e Nazionale. Progressi della Riforma. Conferenza di Poissy. Abiura del re di Navarra. Massacri di Vassy. Assedio e presa di Rouen. Battaglia di Dreux. Altri scritti di Calvino. Malattìa di Calvino. La Pasqua del 2 Aprile 1564. Visita dei Signori del Consiglio. Visita della Compagnia dei Pastori. Morte di Calvino. Sua sepoltura. Conclusione.

Spento il fuoco che bruciò il povero Serveto, la città gustò un poco di calma, e Calvino poté rivolgere parole di consolazione verso quei riformati che usciti di Ginevra erano andati a portare la buona novella nel mondo, e specialmente in Francia; la sua corrispondenza ci mostra lettere di conforto a questo, o quel missionario, che ristretto nei duri ferri, per avere annunziato la fede in Cristo, aspetta esser legato al rogo; scriveva infatti a due, che nelle prigioni di Lione, attendevano la morte, a cui erano stati condannati. "Sebbene io sia stato contristato secondo la carne, ed anche secondo il giusto amore che noi vi portiamo in Dio, nondimeno bisogna sottostare alla volontà di questo buon Padre e Signore. Siccome vi ha muniti della sua virtù per sostenervi nel primo assalto, resta a pregarlo che vi dia viemaggior forza, a seconda del combattimento che avrete a sopportare; quando fa quest'onore ai suoi, di servirsene cioè per mantenere la sua verità, e che li conduce quasi per mano al patibolo, non li lascia privi delle armi che loro sono necessarie. Siate dunque sicuri che il buon Dio, che si manifestò quando avevate bisogno, non vi abbandonerà finché non abbiate di che magnificare potentemente il suo nome. Meditate la gloria e la immortalità celeste alla quale siamo invitati, e a cui, siamo certi di pervenire per mezzo della croce, dell'ignominia della morte; strana cosa si è all'umana mente, che gli schiavi di Satana ci tengano i piedi sul collo; ma noi abbiamo di che consolarci in tutte le nostre miserie, aspettando la beata uscita, la quale è promessa, che Dio stesso asciugherà le lacrime dai nostri occhi".

Ma fra tutti i martiri che Calvino ebbe ad esortare, i più interessanti si furono cinque Francesi, conosciuti sotto il nome dei *cinque prigionieri di Lione*. Avevano studiato teologia a Losanna, ed era stato loro conferito il ministero. Passati alcuni giorni a Ginevra, entrarono in Francia; furono arrestati a Lione. Il Governo di Berna, le autorità ed i dignitari tutti, i più potenti ed i più stimati, fecero ogni possibile per liberare queste cinque vittime della Corte di Roma; tutte le loro premure e sollecitudini non ebbero altro resultato che prolungare un doloroso processo, ove l'accanimento dei giudici fu di doloroso contrasto con la costanza e fermezza dei prigionieri; furono condannati a morte; il Parlamento, il re, confermarono la sentenza che fu eseguita nel 16 Maggio 1553. Pieni di coraggio subirono la morte: i tre più giovani primi ad esser legati al palo; il più adulto, Marziale Alba, era stato lungamente ginocchio pregando il Signore; chiamato per esser legato sul rogo, chiese al luogotenente del Re, che assisteva alla esecuzione, un dono: "Quale," costui gli disse: "Che io possa baciare i miei compagni prima di morire", rispose il prigioniero: gli fu concesso; si abbracciarono, si dissero addio; fu una scena commovente; si accese il rogo, e le cinque vittime, in mezzo alle fiamme, si esortavano a soffrire con coraggio la immeritata pena.

Calvino scrisse lettere di conforto e rassegnazione ai cinque giovani, mentre languivano nelle prigioni: dà loro conto delle premure che si facevano per liberarli, non nascondendo loro le difficoltà che s'incontravano, e la poca speranza di riuscirvi, e il bisogno di ricorrere a Colui, nel quale hanno posta tutta la loro fiducia, e che li aspetta per porgli sul capo una corona che non perirà mai. Nella lettera del primo Maggio 1553, si legge: "Egli è evidente, Dio vuol servirsi del vostro sangue per suggellare la sua verità, quindi nulla di più necessario che disporvi a questo fine, e pregarlo di sottomettervi tanto al di lui buon volere, che nulla v'impedisca di seguirlo ovunque vi chiamerà. Imperocché, fratelli, voi sapete che bisogna che noi siamo mortificati per essergli offerti in sacrifizio. Non può essere , a meno che voi non sosteniate duri combattimenti, affinché quello che fu detto a Pietro, si adempia in voi, vi si condurrà ove non vorreste andare (Giov. XXI, 18). Ma voi sapete con qual virtù dovete darvi alla battaglia, sulla quale tutti coloro che vi si appoggeranno non saranno mai delusi. Così, fratelli miei, siate sicuri che nel bisogno sarete fortificati dallo Spirito del nostro Signore Gesù per non venir mai meno sotto il peso della tentazione, sia pur grave quanto si sia, non più di quello di Colui che ha avuta la vittoria sì gloriosa che è per noi un infallibil guadagno del nostro trionfo in mezzo alle nostre miserie. Poiché piace a lui di usar di voi fino alla morte per alimentare la sua querela, vi stenderà la sua possente mano per combattere con costanza, e non permetterà che una sola goccia del vostro sangue sia sparsa inutilmente... Lo sapete, partendo da questo mondo non andiamo alla ventura, ma abbiamo la certezza di una vita celeste, e siamo di più assicurati della gratuita adozione del nostro Dio, voi andrete al possesso della vostra eredità".

Mentre la Francia protestante sembrava non poter far altro che addimandare preghiere per i suoi martiri, l'Inghilterra si apriva alla Riforma, alla vera Riforma proscritta sotto Enrico VIII, alla quale dette potente impulso la influenza di Calvino.

Enrico VIII era morto nel 1546, e con lui la religione che la ignoranza e la mala fede possono confondere con il protestantismo evangelico. Il di lui figlio Edoardo VI, non aveva che quindici anni: il duca di Somerset, reggente, lo educò e lo fe' crescere nei principi di un cristianesimo solido, che proclamò subito nel regno: per questo nacque la fraterna corrispondenza fra Calvino e il reggente, a cui dedicò il commento sulla Epistola a Timoteo; per questo uscì dalla penna di Calvino quella bella e rimarchevole lettera che indirizzò nel 1548, al reggente, e che racchiude una completa espositiva delle idee del Riformatore sul modo di riformare la Inghilterra: "Tre cose, egli dice, sono necessarie: ammaestrare il popolo nella pura dottrina, estirpare gli abusi che fino ad ora hanno regnato in mezzo a voi, correggere i vizi impedendo gli scandali e procurando che il nome di Dio non sia bestemmiato". Quanto alla purità della dottrina si esprime chiaramente in questi termini: "Si tenga Dio per il solo direttore delle anime nostre, la sua legge per la unica regola e regime spirituale delle nostre coscienze, per non servirlo, a seconda delle folli invenzioni degli uomini, poiché secondo la sua natura Egli vuole esser servito in spirito e purità di cuore. D'altra parte conoscendo che non vi è che malvagità in noi, e che siamo corrotti in tutti i nostri sensi e affetti, di guisa che è un abisso d'iniquità che le nostre anime, essendo senza speranza in noi, avendo così annullato ogni presunzione della nostra sapienza, dignità o potere di ben fare, noi ricorriamo alla sorgente di ogni bene che è Gesù Cristo, ricevendo quello che ci dà, cioè il benefizio della sua passione e morte, affinché con questo mezzo noi siamo riconciliati con Dio: che, essendo lavati del suo sangue, noi non temiamo che le nostre immondezze c'impediscano di trovar grazia al trono celeste: che essendo certi che i nostri peccati ci sono perdonati gratuitamente in virtù del di lui sacrifizio, noi mettiamo in quello tutta la nostra speranza per essere assicurati della nostra salvazione: che noi siamo santificati per il suo Spirito, per consacrarci all'obbedienza della giustizia di Dio: che, essendo fortificati per la sua grazia, noi siamo vincitori di Satana, del mondo e della carne: finalmente che, essendo membri del suo corpo, non dubitiamo che Dio non ci ritenga per suoi figli, e che non abbiamo la fiducia d'invocarlo come nostro padre:

che noi siamo avvertiti di ridurre a questo scopo tutto quello che si dice e fa nella Chiesa: che, essendo ritirati dal mondo, noi siamo elevati al cielo con il nostro capo e Salvatore. Poiché dunque Dio vi ha fatta la grazia di ristabilire la conoscenza di questa dottrina che è stata da tanto tempo seppellita dall'anticristo, mi astengo dal parlarcene".

Quanto al modo di insegnare la sana dottrina, preferiva la predicazione della Parola, ma una predicazione viva che fosse utile ad insegnare, ad arguire, e correggere, ed ammaestrare (2 Tim. III, 16), e un buon catechismo che servisse a due cose: d'introduzione nella verità, e conoscere se alcuno avanzi una dottrina non sana, e chiuder la bocca ad ogni strano innovatore.

Quanto al togliere gli abusi, suggerisce: "Abolire ed estirpare tutti gli abusi e corruzioni che Satana ha mescolati fra i comandamenti di Dio. Sappiamo che il papa ha una cristianità bastarda, e che Dio la rigetterà nell'ultimo giorno, condannandola fin d'adesso con la sua Parola".

Quanto alla correzione dei vizi, vorrebbe che come aveva potuto ottenere a Ginevra, in Inghilterra pure si usasse la punizione, e a sostegno di questo suo concetto mette innanzi al reggente il medesimo argomento presentato ai signori di Ginevra: se punite i delitti commessi contro gli uomini, e perché non punire pure quelli commessi contro Dio? Errore imperdonabile! È questo il favorito argomento della Chiesa di Roma, era in voga in quei tempi, ed ebbe grande influenza sull'animo di Calvino: egli non considera le dannose conseguenze che da quel falso principio ne derivavano.

Il reggente secondò le istruzioni di Calvino; pose ogni cura per estirpare la mala erba ovunque nata e seminata dalla Chiesa di Roma: ebbe a superare molti ostacoli, e vincere molti nemici, una volta ne fu vittorioso, una seconda lasciò il capo sul patibolo: ma il buon seme era sparso: il giovane Edoardo VI era vinto alla Riforma evangelica: toccava i 14 anni, e già la Santa Scrittura gli era familiare e la di lui più gradita lettura: guidato da questa, aveva scritto un discorso, nel quale indicava il piano da seguirsi per estendere la Riforma in Inghilterra, e compilata una raccolta di passi tratti dal Vecchio Testamento che condannavano la idolatria ed il culto delle immagini. Calvino dirige varie lettere al giovane principe, e gli dedica i commenti su Isaia e sulle Epistole Cattoliche: il re li accettò con grande allegrezza. Le lettere di Calvino hanno tutto quel rispetto che si deve ad un re, ma senza nascondere la verità: è come un padre che scrive al suo figlio: ne attesta la lettera con la quale gli accompagna la breve esposizione del salmo 87, gli dice: "Spero che prenderai piacere nel leggere questa mia esposizione, e ne trarrai profitto. Un giorno predicava su questo salmo, e mi parve un argomento buono per te, e mi affrettai a scriverne un sommario: i re sono in pericolo di dimenticare il regno de' cieli: in questo salmo è parlato della nobiltà e dignità della Chiesa, la quale deve trarre a sé piccoli e grandi, e non essere trattenuti dai beni e dagli onori della terra: questa Chiesa è la Chiesa spirituale, la cristianità santa e senza macchia, il regno dei cieli, sia sulla terra sia nel cielo. Esser re è molto, esser Cristiano, semplice suddito in questo regno è più, infinitamente più: è dunque, Sire, un privilegio inestimabile quello che ti ha fatto Dio, che tu sia Cristiano, re di uomini sudditi di Cristo. Ma a questo privilegio sono inerenti grandi doveri: tu li conosci, sta a te di ordinare e mantenere in Inghilterra il regno di Cristo; opra ardua, spinosa, ma spero che questo salmo ti sarà di scudo, e che Dio, il Re dei re, ti faccia prosperare e crescere nella gloria del suo nome".

Calvino non teneva solo con il re ed il reggente la sua corrispondenza: l'aveva pure con un uomo per la di cui posizione e pietà, era da tutti ritenuto come la principal molla delle pie intenzioni di Edoardo VI; questo uomo era Cranmer vescovo primate d'Inghilterra.

Sotto il capriccioso e terribil Enrico VIII, Cranmer aveva avuti alcuni momenti di debolezza, ma egli era uno di coloro che fin da principio erano passati attraverso la riforma, iniziata dal re, col pensiero di effettuarne una vera, seria, cristiana, come quella di cui Calvino era il rappresentante e la incarnazione. Per giungere a realizzare questo grande e importante concetto, gli sembrava indispensabile, necessaria, maggiore unità, non solo in Inghilterra, ma in tutti i paesi che avevano abbracciato la Riforma. Vedendo che l'armata papale serrava le sue file, voleva pure che la Riforma serrasse le proprie: quindi scriveva a Calvino: "Per unire le Chiese e proteggere la greggia di Cristo, nulla di più efficace che l'armonia della fede. Vorrei adunque che uomini pii e dotti si trovassero insieme per conferire sui principali punti della dottrina. I nostri nemici hanno il concilio a Trento per sanzionare i loro errori, esiteremo noi a convocare il nostro per confermare e propagare la verità?".

L'intenzione era buona, ma l'idea pericolosa. Un concilio protestante, con molta probabilità avrebbe fatto emergere le varie divergenze che già si erano manifestate, e che Roma maliziosamente aveva fatte rimarcare come un'instabilità della fede e credenza, e fin d'allora, come oggi, ne fece arme potente, ponendola a confronto della propria asserta unità della sua fede: anche allora, come oggi, si rispondeva e mostrava la vera unità della fede evangèlica realmente e veramente sussistere, ma anche allora come oggi era vano sforzo a persuadere coloro che non nel Vangelo ponevano la loro, ma nella infallibilità dei concili e delle papali decisioni su cui la Chiesa di Roma basa la propria.

Calvino fu sedotto dalla grandiosa idea, e forse anche dai favorevoli resultati che, come vedremo, aveva ottenuti nelle Chiese svizzere, e per quelli che si riprometteva riportare in Germania: quindi ringrazia Cranmer del suggerimento, che trova pio e savio, e si offre disposto a traversare dieci mari, se occorresse, per condursi alla benedetta assemblea: ma la morte del giovane Edoardo VI, tolse ogni speranza. Salita al trono d' Inghilterra la di lui sorella Maria, essa fece ogni sforzo per distruggere la Riforma. Cranmer fu una delle più nobili di lei vittime: ma ogni sforzo fu vano, dolori a dolori si accumularono sopra i Protestanti inglesi, ma la Riforma fu salva. La morte della regina Maria portò Elisabetta al trono d'Inghilterra, gli esiliati tornano in patria, e le interrotte relazioni fra i Riformati inglesi e Calvino divennero più intime, più attive, e specialmente con la Scozia per l'opera del suo riformatore Giovanni Knox.

La calma e la fiducia andavano tutti i giorni dilatandosi e consolidandosi, e permettevano a Calvino di occuparsi delle sue Chiese, di quelle della Svizzera e della Francia: ciò sopra tutto gli permise di spendere maggior tempo, nella compilazione e pubblicazione dei suoi scritti: quasi ogni anno compariva una nuova opera. Le più feconde di istruzioni furono i commenti sul Nuovo Testamento, che vennero alla luce nei seguenti anni. Nel 1546 e 47, le due lettere ai Corinti; nel 48 ai Galati, Efesi, Filippesi, Colossesi, e le due a Timoteo; nel 49, a Tito e agli Ebrei; nel 50 di S. Giacomo, le due ai Tessalonicesi; nel 51, di S. Giovanni e S. Giuda, e la nuova edizione di tutte le lettere S. Paolo; nel 52, gli Atti Apostolici; nel 53, i commenti paralleli sopra i Vangeli di S. Matteo, S. Marco, S. Luca, poi quelli sul Vangelo di S. Giovanni. I Commenti sull'Antico Testamento furono pubblicati posteriormente, meno quelli sopra Isaia che comparvero nel 1551, e sulla Genesi che vennero alla luce nel 1554.

I Commentari di Calvino segnano una rivoluzione nello studio della Bibbia ed occupano per questo titolo un posto eminente non solo nella storia della teologia, ma pur anche in quella dell'umano intelletto. E il buon senso che detronizza la erudizione scolastica; è la verità, cercata su di ogni versetto, su di ogni parola, per il più retto e certo cammino. Si è potuto, senza dubbio, in molti luoghi trovar meglio, ma precipuamente perché si seguiva il metodo di Calvino. La scienza biblica gli ha dovuto in una parte quello che ogni scienza è debitrice ad un uomo che la conduce sul terreno dei fatti, e gli dà per base la osservazione e la esperienza.

Quest'uomo potrà anche ingannarsi, e su molti dettagli e su molti punti pur anco dei più importanti, ma avrà aperta la via ad ogni ulteriore progresso, ed avrà diritto in questo senso, a rivendicare come suo quello che in seguito porterà a correggere tale o tal altra parte dell'opera sua. Si è costretti, con Calvino, a non precipitare la propria opinione, credendo che si è meglio inteso, meglio veduto di lui. L'esegesi moderna ha con gran meraviglia veduto che ciò che credeva nuovo, Calvino lo aveva già da tre secoli annunziato: ed anche dopo avere con un certo sdegno rigettata tale o tal altra delle sue interpretazioni, nei nostri giorni si è accettata come la migliore: finalmente anche nelle cose che non poteva sapere, quello che i viaggi, la archeologia o altre scienze hanno rischiarato dopo di lui, la sua profonda penetrazione è stata molte volte sufficiente a fargli travedere il vero attraverso tutti gli errori, e la ignoranza del suo secolo: e in quel secolo si credevano sapienti, e sotto certi aspetti è vero, ma la scienza era tutta di erudizione; e l'erudizione male impiegata, è la morte della vera scienza, il flagello dello scibile umano. Calvino commentatore non la sdegnerà: ma non vorrà, e, sopratutto, non darà che ciò che è veramente utile, ciò che conduce alla meta, ciò che illumina: egli sa che bene spesso se ne è fatto pompa per nascondere una troppo reale ignoranza: egli non fa citazioni se non sono positivamente necessarie per appoggiare o per schiarire il suo ragionamento: giammai esamina interpretazioni per il piacere di esaminarle: mai s'incontra, ciò che possa scambiarsi con un esercizio di mente, ad un divertimento sulla Scrittura. "È un'audacia, vi dirà, è un'audacia sacrilega, di tirare qua e là la Scrittura senza un concetto, e di servirsene da trastullo come cosa appositamente fatta per balocco come molti hanno fatto per tanto tempo": e per verità per lungo tempo, anzi lunghissimo tempo. Le scuole del medio evo non avevano studiata la Bibbia che come materia da esercizi, come alimento alla scolastica, e ciò spiega il perché si accorgevano poco della completa dissonanza fra la Bibbia e il romanesimo. Si investigava, ma per manìa d'investigare, più che per la volontà di trovare; si lavorava, rivoltolava il terreno della Scrittura, ma senza curarsi che producesse il frutto. All'opposto, il riformatore non vuol perdere un sol colpo della sua vanga, e non intende fare un solco ove non possa germogliare e produrre un'idea sparsa dalla mano di Dio.

Ove si manifesta la vivente unità della sua opera è la *Istituzione*, che se ne considera come il programma, e in cui la pratica è sempre accanto alla teoria, l'uomo morale accanto all'uomo credente, o, per dir meglio, l'unione completa dei due uomini, di guisa che là ove manca uno dei due, Calvino negherà che l'altro esista. Nelle leggi di Ginevra, consacrazione politica e civile di questa idea, sollecitazione ostinata, spietata pur anco, se occorre, di questo medesimo ideale. Nei commenti però, ricerca assidua e pietosa di tutto ciò che potrà fornire agli uomini i mezzi di realizzarla.

Ma quello che principalmente rende questa ricerca fruttuosa si è l'esperienza cristiana che l'autore vi spiega. In questo mostra la sua grande intelligenza, imperocché è allora più che intelligente, egli è cristiano, puramente cristiano. Avreste un bel fare, commentando la Bibbia, a non voler dir altro che quello che è utile: a che servirebbe la intenzione se non discernete, per mancanza di esperienza, quello che è utile o no, quello che servirà o no a sviluppare la vita cristiana? Bisogna dunque per questo aver vissuto di tal vita, e di più aver vissuto ripiegandosi su se stesso, studiando nel suo proprio cuore la influenza, la portata, la fecondità di ogni idea. Ecco il lavoro interno i di cui risultati sono manifesti in ogni pagina dei commenti, ecco pure il segreto della loro potenza. Essi sono, abbenché senza calore, profondamente viventi, e, in grazia di questo carattere di seria verità, la mancanza del calore non è che un nuovo elemento di autorità, di forza: si scorge l'uomo che non vuol dire che quello che avrà da lui e in lui, qualche irrefragabile prova. Da ciò un resultato che sorprende a primo aspetto, quando si pensa che l'autore ne è Calvino, l'assoluto

Calvino: ciò è perché ci inspira fiducia. Il Calvino dei commenti, non è più, salvo poche eccezioni, quello che ordinariamente crediamo: è un amico che ci conduce attraverso i campi della Bibbia, ci racconta quello che ha veduto, ci invita ad osservare, trattenendoci poco sui fiori ma molto sui frutti: offrendoci con somma benevolenza quelli che secondo lui sono i più sani ed i più nutrienti; ma non pretende essere la nostra guida: ci consulta, in qualche modo, si giova dalla nostra esperienza, e amichevolmente ci costringe, se ne abbiamo ancora bisogno, ad acquistarne. Tenghiamo la penna con lui: non sentiamo la di lui superiorità che per il diletto che proviamo a sentir dire da altri, con sapienza e chiarezza, quello che noi stessi pensiamo, o vorremmo aver pensato.

La pubblicazione dei commenti era stata molte volte interrotta per mandare alla luce altri scritti che esigevano le circostanze, sia in Ginevra, sia fuori: enumereremo le principali.

Nel 1547, scrisse una memoria per la Chiesa di Rouen: le dottrine panteistiche libertine, predicate da un ex frate, turbavano le coscienze di quella Chiesa. "Non debbo dissimulare né tacere, disse nella introduzione di quella memoria, quando sento che il nome di Dio è in qualche luogo bestemmiato".

Ripete queste medesime parole, l'anno dopo, scrivendo non contro un frate ignorante, ma contro la famosa assemblea i di cui decreti divenivano l'Evangelo di Roma. Dopo molte ambagi e dilazioni, si era aperto nel 1545, il concilio di Trento, che trascinava misera vita con il suo meschino numero di prelati, da prima 25, poi un poco più, e quasi tutti italiani, e manifestamente imbarazzati del gran titolo di ecumenico affibbiato al concilio. Calvino ne confuta i primi decreti, mostrando che, emanati da 25 o 30 vescovi, di sconosciuta dottrina, non possono dirsi essere opera dei rappresentanti di tutta la Chiesa, e che mentre il concilio ha proclamato che avrebbe per guida le sorgenti della fede, la Scrittura e la Tradizione, si è poi attenuto esclusivamente a quest'ultima, trascurando affatto quella, di più ha decretato, ciò che la tradizione stessa recusava di stabilire, la canonicità cioè degli Apocrifi, mostrando i vizi di forma, le contradizioni, le lacune, le involontarie oscurità, le calcolate oscurità dei Padri, come fra le moltissime quelle del decreto sulla grazia.

Sospeso il Concilio, e pubblicato il famoso *Interim* di Carlo V, bizzarro decreto, con il quale si era immaginato regolare e stabilire quello che Protestanti e Cattolici dovevano provvisoriamente credere, fino a che un buono e vero Concilio, riconosciuto da tutti, non li ponesse d'accordo. L'Interim conteneva, è vero, molte buone cose, ma era troppo protestante per dispiacere grandemente ai Cattolici, e troppo cattolico per non andare a genio ai Protestanti. Alcuni d'Alemagna, parevano, o mostravano di parere, di esserne contenti. E a costoro che Calvino si dirige col suo scritto: *Interim adultero-germanum*, pubblicato poi in francese, con il titolo di: *Due trattati intorno la Riforma della Chiesa, ed il vero modo di provvedere alle differenze che vi sussistono.* E questo *vero modo*, a giudizio di Calvino, non è, nc sarà mai quello dei *conciliatori*; non perché biasimi le conciliazioni e le concessioni, ma perché vede che, facendone una, se ne debbono far troppe; le concessioni dimezzano la verità, e la verità non può essere dimezzata. La verità è nella Bibbia, e quando prendiamo a combattere con questa alla mano, non dobbiamo, né possiamo accordare quello che essa nega, e neanche le cose secondarie, forme, pratiche, usi, sapendo che è su queste che Roma ha fondato e mantiene in vita il suo ingannevole impero; quel poco che gli si cederà sarà molto per lei, sarà un mezzo per riacquistare il perduto; se non riavrà voi, saranno i vostri figli. Ecco qual era la opinione, il concetto, di Calvino. Oggi è diversamente? Alcuni lo credono: suppongono che una posizione nettamente stabilita dopo tre secoli di lotte, non potrebbe essere compromessa lasciandosi piegare su alcuni punti di poca importanza. Noi non lo crediamo, e contrariamente ritenghiamo che la maggior parte delle giustissime osservazioni sull'Interim sono oggi pure giustissime come lo erano nel 1549.

Nel medesimo anno venne alla luce: — *Avvertimento contro la astrologia detta giudiciaria, e altre singolarità che ai tempi nostri regnano nel mondo.* — Oggi, XIX secolo, in cui le scienze hanno svelate le imposture degli astrologi, non si parlerebbe con tanto maggior disprezzo di quelle follìe, come lo ha fatto Calvino nel secolo XVI.

L'anno dopo pubblicò il *Trattato degli scandali che attualmente impediscono a molti di accettare la pura dottrina del Vangelo e ne sviano altri.* — La parola scandalo è presa nel suo antico significato evangelico: comprende tutto quello che poteva somministrare agli indifferenti, ai tiepidi, o di pretesto per non abbracciare l'Evangelo, o di occasione per rinnegarlo. Lo dedicò al suo amico Lorenzo di Normandia, e ben a ragione a lui ne diresse la dedica, imperocché il Signore messe alla prova la di lui fede; infatti appena giunto a Ginevra ebbe la notizia che suo padre era morto, e si assicurava dal dispiacere che suo figlio si era fatto protestante: due mesi dopo la sua moglie, riunitasi a lui, era pur morta, e anche questo si diceva un gastigo per la sua apostasia, ma il Normandia, al contrario, non vi scorse che una ragione di più per attaccarsi più strettamente al Vangelo.

Calvino vuole inculcare a tutti questo sentimento: tentazioni, contradizioni, lotte interne ed esterne, scandali, poiché questa parola comprende tutto, ecco quello che passa in rivista, traendone sempre la conclusione che niuna scusa possiamo addurre per non arruolarci sotto la bandiera di Cristo. Pone tre classi di scandali. Nella prima colloca quelli che il nostro cuore ha la malaugurata abilità di trovare nell'Evangelo stesso, difficoltà, oscurità, cose repugnanti alla nostra inclinazione, al nostro orgoglio in specie: in una parola, la *follìa* della croce, come diceva San Paolo; nella seconda, quelli che non sono nel Vangelo, ma in certo modo al di fuori di questo, attorno a questo, specie di barriera che gl'indifferenti sono contenti d'incontrare; a questa classe appartengono le dispute religiose, i disordini della Chiesa o dei suoi ministri, il dispotismo papale, gli errori, le superstizioni, le assurdità, che si sono potute predicare a nome del Cristo, e di cui si fa responsabile, per scusarsi di andare a lui; la terza classe, finalmente, comprende le noie, gli obbrobri, i pericoli ai quali alcuno si espone dichiarandosi per il Vangelo.

Le medesime idee, ma sotto una forma più pratica, si trovano nei — *Quattro Sermoni intorno a materie molto utili per i nostri tempi.* — La prefazione ne spiega lo scopo; vi si legge: "Abbenché io abbia già scritto due trattati assai estesi, per mostrare che non è permesso ad un Cristiano, quando vive nel papato, di far vista, che in qualche modo ne approva gli abusi, le superstizioni, e idolatrìe che vi esistono, nondimeno non passa giorno che non mi chiedano nuovi consigli, ed altri continuino addurmi, e mandarmi repliche e sotterfugi contro quello che ho scritto". Fedele a questa promessa, dimostra nel primo l'obbligo di fuggire la idolatrìa, cioè ogni esterna partecipazione ad un culto che non si approva: egli dice: "Chiunque assiste alla messa approva la messa, e con la messa tutto quello che vi ha rapporto e tutto quello di cui ella è centro. Chiunque si sottomette ad una delle forme romane si sottomette alla autorità che le ha stabilite, e rovescia con questo solo, e per quanto sta in lui, l'autorità di Gesù Cristo. Tenghiamo ferma questa regola, tutte le umane invenzioni, dirette contro la Parola di Dio, sono veri sacrilegi. So quanto questo rigore sembra duro e inammissibile a coloro che vorrebbero che si trattassero a seconda dei loro desideri. Che cosa desiderano che io faccia? Io non li ho trattati fin qui che troppo dolcemente. Che io ne parli, o mi taccia, non cessiamo di esser tutti obbligati a questa legge. Sventurati adunque coloro che renunziano con doppiezza di cuore alla loro cristianità; sventurati coloro che sono talmente attaccati al mondo, che non possono, eglino dicono, esser giudicati come gli altri. Non vi è esenzione, né privilegio per i grandi o piccoli, per i ricchi o poveri. Tutti pieghino il collo. Che il povero tema, se dice: Non so quello che fare, che Dio non gli risponda: Io neppure non so quel che fare di te. Che i ricchi non si inebrino delle loro ricchezze, e che ritengano per lordura e danno tutto quello che li distoglie o ritarda dal vivere cristianamente".

Nel secondo esorta a soffrir tutto piuttosto che abbandonare il Vangelo; e si fa forte nel concetto che la forza si ottiene con la tentazione e in proporzione della tentazione: e cita l'esempio di un giovane di Tornay, che condannato ad avere tagliata la testa se abiurava, o ad esser bruciato se persisteva nell'eresia, dimandatogli quale delle due morti presceglieva, rispose: Colui che mi farà la grazia di morire per il suo nome, me la farà pure per sopportare il fuoco.

Il terzo sermone si prefigge d'insegnare ai fedeli ad apprezzare la felicità che si pregusta nel possedere la verità, e di esser veramente nella Chiesa, la quale per Calvino non esiste che là ove si professa la vera fede.

Nel quarto si propone mostrare, qual premura deve aversi per riscattare la libertà di servire Dio puramente; quindi ha cura di far conoscere come colui che veramente vuol liberarsi dagli errori di Roma non deve essere arrestato dal pensiero che abbandonando quella Chiesa egli si troverà nella impossibilità di avere di che vivere: Iddio provvederà. Oh quanto abbisognerebbe che questi sermoni fossero letti e accuratamente letti da coloro i quali confessano e riconoscono gli errori di Roma, e non pertanto persistono a restarvi, con la scusa di non rompere la unità, e da quei sedicenti neocattolici che sognano riformare la Chiesa di Roma con la Chiesa di Roma; Calvino dice bene: "Roma o Cristo, non possiamo servire a due padroni, Roma è Belial".

Nel 1550 pubblicò un trattato: — *Sulla eterna predestinazione e la Provvidenza di Dio*, — e un altro trattatello, — *Sulla vita cristiana.* — Nel 1554 — *Una breve risposta alle calunnie di un certo attaccabrighe, sulla dottrina della predestinazione.* — Nel 1555 — *La Difesa della sana ed ortodossa dottrina sui sacramenti, sulla loro natura, loro efficacia, ecc.* — L'anno dopo, una seconda *Difesa*, diretta contro Vesfalio, e nel 1557 — *Un ultimo avvertimento,* — diretto pure a Vesfalio, le di cui idee ultra-luterane sulla Cena, apparivano più degne di un dottore della Sorbona, che di un teologo della Riforma.

Sebbene la quiete regnasse in Ginevra, e Calvino si trovasse in quella città come in una ben vigilata e custodita cittadella, non gli mancarono però esterni attacchi. I principi cattolici domandavano la riapertura del Concilio, e Pio IV, che ne aveva paura, aveva aderito, ma a condizione che si espugnasse Ginevra; il concerto fu fatto: il re di Francia manderà le sue truppe per la Borgogna, il re di Spagna per la Franca Contea, il duca di Savoia per il suo ducato; un corpo di cavalleria sarà dato da Pio IV. Tre armate minacciano di assalire Ginevra; ma Dio la vuol salva; i principi, prima di muoversi, disputano a chi dovrà toccare il dominio della città; tutti la vogliono; la discordia è in mezzo di loro, e per la loro discordia Dio salva Ginevra, e il combinato attacco è definitivamente abbandonato!

Ma se lasciano in pace con le armi Ginevra, tentano ogni mezzo per molestarla, e cercano pretesti per assalirla. Carlo IX nel 1561 invia una lettera ai Sindaci e Consiglio della città, con la quale fa gravi lamenti perché dei predicatori venuti da Ginevra son causa di dissenzioni e turbolenze nel regno. Calvino è incaricato di rispondere, e lo fa con umiltà, ma con fermezza, e la tempesta è anche questa volta allontanata.

La quiete che Calvino godeva nella sua città, non si passava nella inerzia, ma nella più attiva corrispondenza; di tanto in tanto, in qualche punto della Francia, i riformati erano perseguitati e carcerati; la parola di Calvino non mancava mai per confortarli. I nemici del Riformatore hanno ardito asserire, di più, inventare, lettere nelle quali egli autorizza la resistenza alle potestà e rendere offesa per offesa, uccisione per uccisione; ma nulla di più falso in questa inumana accusa: i più madornali errori di lingua e di cronologìa mostrano false queste lettere, e stanno all'opposto le vere, ripiene di parole di rassegnazione e di viva speranza nell'aiuto di Dio; tutte rigurgitano di pacifici consigli, e mostrano a tutta evidenza le più pressanti raccomandazioni di "soffrire, e fecondare col sangue il campo della verità", assicurando che "le persecuzioni sono i veri e reali combattimenti del Cristiano, e la sola arme per vincere è la Parola del Signore".

Quello che più di ogni altra cosa spiaceva e dava grave pensiero a Calvino, si era la mancanza di una regolare organizzazione della Chiesa di Francia; vorrebbe vederla *una* come Chiesa. Fu sotto questa ispirazione che nel Maggio 1559 si riunì a Parigi un'umile assemblea che l'unanime assenso di tutti riconobbe per il primo Sinodo nazionale. Undici Chiese sole vi erano rappresentate, compresa quella di Parigi. Erano pochi e molti, se riflettiamo che quei deputati posero a rischio la loro vita.

In quell'assemblea furono poste le basi di un edifizio i di cui materiali si ammassavano da quarant'anni.

La prima cosa si fu la confessione di fede, facile a compilarsi perché nessuna seria divergenza esisteva in seno della Chiesa, tutti erano fedeli alla teologia di Calvino.

Dopo la confessione di fede, fu discussa una disciplina, semplice, certo, ma che nettamente tracciava le grandi linee, vera costituzione finalmente, pronta a proteggere tutte le leggi e tutte le istituzioni che più tardi s'inspirerebbero da lei.

Il punto di partenza è la *Chiesa*, nel senso apostolico della parola, la Chiesa locale, l'insieme dei fedeli aggruppati nel medesimo luogo, città o villaggio. Spetta a loro, appena lo potranno, darsi forma di Chiesa, per la nomina di un concistoro, la scelta di un ministro, lo stabilire un culto regolare.

Al disopra della Chiesa vi è la *Conferenza*, gruppo di Chiese. La Conferenza si riunisce due volte l'anno; ogni Chiesa vi è rappresentata da un ministro e da un anziano; regola tutti gli affari comuni alle Chiese del suo circondario.

Al disopra della Conferenza vi è il *Sinodo Provinciale*, che si riunisce una volta l'anno; è la Conferenza più numerosa, gruppo di molte Conferenze; ogni Chiesa vi ha il suo pastore e anziano. Il

Sinodo elegge i pastori; ma ogni Chiesa deve ratificare la nomina fatta dal Sinodo.

Finalmente in cima a tutti vi è il *Sinodo Nazionale*. Composto di due pastori e di due anziani mandati da tutti i Sinodi Provinciali, giudica in ultima istanza tutti gli affari, e non vi è luogo a ricorso contro le sue decisioni.

Autore di questa costituzione è Calvino. Se con le nostre moderne idee noi vi scontriamo qualche cosa di attentato al principio democratico che Calvino poneva alla base, noi non possiamo, d'altra parte, non riscontrarvi che un rimarchevole accordo della situazione e dei bisogni del protestantismo francese. Si richiedeva, nel medesimo tempo, che la base fosse larga, e, per quanto possibile, popolare, e che l'autorità ad ogni grado più concentrata, fosse una, forte, capace di mantenersi accanto all'autorità reale, le fosse amica o nemica.

Calvino non pensò di cercare questa unità, questa forza, in nulla che richiamasse alla mente l'episcopato. Non che credesse l'episcopato condannato dall'Evangelo. E non può invero, dirsi, che l'Evangelo interdica stabilire in ogni Chiesa, un primo pastore, un sorvegliante generale; ma non volle che si cadesse nell'errore di credere l'episcopato come una carica istituita dalla Chiesa, che gli si attribuisse un diritto divino, una superiorità mistica, necessaria, sui ministri di inferior grado. Calvino, nella Istituzione Cristiana, si era espresso su ciò in modo da lasciare alle Chiese piena libertà. Nella lettera al duca di Somerset parla "dell'officio dei Vescovi e curati"; in una lettera al re di Polonia, Sigismondo II, egli stesso propone, nel caso che la Polonia la rompa, come spera, con la Chiesa di Roma, di stabilire un episcopato polacco. E perché non vuole niente di simile per la Francia? Probabilmente, primo, perché l'uguaglianza dei pastori gli sembra più sicuramente evangelica e primitiva; poi, senza dubbio, perché l'episcopato sarebbe sempre tentato di riammettere, in parte almeno, gli abusi della Chiesa di Roma. Lo accetta in Inghilterra, ma perché vi è; lo consiglia in Polonia, ma perché non crede poter fare diversamente. In Francia, ove non può ammetterlo, non lo permetterà mai. Oltre queste ragioni, egli vede che il protestantismo francese deve e dovrà anche per molto tempo essere una Chiesa missionaria, militante e soffrente; sono dei martiri di cui ha bisogno, più che dei capi, facilmente ammolliti nella grandezza, facilmente corrotti dalla ambizione di salire sempre più in alto. La Chiesa riformata adunque di Francia sarà una vera repubblica, severa, impassibile a tutto ciò che potrebbe alterarla nella sua forma, o snervarla nel suo spirito.

Deplorevole sventura dovere costituire i Protestanti come uno Stato nello Stato, ed in specie una repubblica in una monarchia, sorgente d'invidia quando fossero possenti, pretesto di persecuzione quando i loro nemici prevalessero. Ma Calvino non aveva a scegliere mezzi termini. Per una Chiesa, come per lo Stato, la questione di vita o di morte è sempre quella che predomina. I Protestanti di Francia volevano *essere*; e avevano pagato caro questo diritto di esistenza. Poi, non si lusingavano restare indefinitamente uno Stato nello Stato, ma divenire lo Stato stesso assorbendo tutta la nazione, a che erano speranzati dalla rapidità dei loro progressi. Una volta la famiglia reale trascinata nel movimento, si concerterebbe sul modo di stabilire una migliore armonìa fra i due poteri.

I progressi già sì rapidi nel momento del primo sinodo, divennero maggiori quando i Protestanti videro le loro sparse membra formare un gran corpo, costituito con atto formale. Le Chiese sursero a centinaia: gli aderenti giunsero a migliaia e a diecine di migliaia. Non ogni mese, né ogni settimana, ma tutti i giorni si enumeravano nuove conquiste. Strano spettacolo che offriva la Francia! Da un lato vi era la dignità reale, Enrico II e Francesco II, padre e figlio, forsennati per i supplizi: dall'altro, invece di alcuni miserabili, come farebbe supporre il contesto degli editti, e le atrocità delle prese misure, sono città, intiere provincie: una buona parte della nobiltà, e ben presto, la maggiorità: è la duchessa di Ferrara figlia di Luigi XII, è la regina di Navarra, è suo marito, capo della casa di Borbone: è il principe di Condè, e finalmente Coligny uno dei più bei caratteri di quel secolo e dei futuri. Anima nobile, illustre, che nella prigionia di Spagna, dopo la battaglia di San Quintino, compisce la sua conversione al Vangelo. Calvino alla testa di tali soldati spera resistere se non vincere: e nelle sue speranze non è deluso: non ostante i nuovi e più fieri editti di esterminio, non ostante la camera ardente, destinata a bruciare tutti coloro che davano sospetto di avere abbracciata la riforma, Parigi, Tolosa, Digione, Bordeaux, Lione, Poitiers ed altre città, non indietreggiano alla vista dei più terribili supplizi, e il 21 agosto 1560, nella assemblea dei Nobili che ebbe luogo a Fontainebleau, un uomo si alza, si avvicina al trono reale, s'inchina e rimette nelle mani del re la *"Supplica di coloro, che nelle diverse provincie, invocano il nome di Dio seguendo la regola della pietà"*. È la Riforma che domanda non solamente di vivere, ma di vivere alla luce del mondo, e protetta dal re: quest'uomo è Coligny, che in quest'atto di coraggio rischia la propria testa.

Tutto progrediva in Francia con la speranza di un accomodamento fra i Protestanti ed i Cattolici. Nel 1561 ebbe luogo la famosa conferenza di Poissy, convocata dalla corte di Francia nella chimerica lusinga di una sistemazione: si credeva generalmente che Calvino vi interverrebbe, ma lo impedì il Consiglio di Ginevra; vi andò Teodoro Beza. Merita che si conosca la lettera di presentazione che il Consiglio gli dette per il re di Navarra, in quel momento assai favorevole ai Protestanti, e che mostrava grande interesse alla conferenza: "Quanto allo spettabile Teodoro Beza, scriveva il Consiglio, nostro pastore e ministro, dobbiamo confessarlo, o Sire, è con nostro dispiacere che si mette in viaggio, imperocché sappiamo qual danno soffra la Chiesa e le scuole nella sua assenza. Ma, se piace a Dio che la sua presenza costà porti frutto, sappiam bene che bisogna lasciare ogni particolare interesse, e ti preghiamo, o Sire, che tu voglia aver cura di uno dei nostri tesori che caldamente ti raccomandiamo". E la dottrina e la facondia di Beza fecero gravi impressioni sui convenuti: il cardinale di Lorena, dopo averlo sentito, esclamò: "Fosse piaciuto a Dio che egli fosse stato muto e noi sordi". La conferenza, come si prevedeva, non servì che a mostrare l'abisso che separava le due Chiese, e far conoscere le innumerevoli forze dei Protestanti in Francia; a quell'epoca contavano 2150 Chiese del tutto organizzate. Il clero spaventato sollecitava si prendessero misure di più in più rigorose e crudeli; il governo, ispirato dal cancelliere de l'Hospital, vi dette ascolto, e nel gennaio 1562 pubblicò il famoso *editto di gennaio*, che riconosceva nei Protestanti il diritto di riunirsi, ma fuori della città; strana condizione: Calvino consigliò ad accettarla nella speranza di ottenere in altra circostanza qualcosa di più.

Calvino aveva tentato di metter d'accordo il re Carlo IX, cbe mostrava essere meno ostile, con la regina d'Inghilterra, i principi della Germania e gli Svizzeri, perché protestassero contro il Concilio di Trento, da molto tempo sospeso, e che si vociferava doversi riaprire. Su tal proposito scriveva all'ammiraglio De Coligny: "Io credo che la venuta del legato[7] avrà fatto guadagnare alcune scaramucce, rimettendo la cognizione della disputa a questo bel Concilio. Ora, Monsignore, mi pare che per i diffidenti che hanno paura della loro ombra, e tremano quando veggono il più piccolo pericolo, questo sia il vero modo per far crollare il Concilio. Che il re, senza fare un'esplicita dichiarazione di voler cambiare di religione, si unisca con la regina d'Inghilterra, con i principi di Germania e gli Svizzeri che sono del nostro partito, per protestare della nullità del Concilio di Trento, tanto perché la città non dà garanzìe di sicurezza, quanto perché non è né libero né universale per trattarvi con libertà gli articoli di fede che ci separano,

7 Il cardinale di Ferrara, Ippolito d'Este, incaricato dal papa Pio IV di rompere la conferenza di Poissy, chiedendo che le questioni religiose fossero rinviate al Concilio di Trento.

quanto anche perché non vi è a giudice che una sola parte, che delibera a capriccio, non udita l'altra parte alla quale sia permesso difendere la propria dottrina che i vescovi ritengono già per condannata senza averla sottoposta a scrupoloso esame".

In questo frattempo il re di Navarra dette lo scandaloso esempio di ridivenire cattolico romano. Affranto dal deboscio, sedotto dalla promessa di recuperare il regno, o riceverne l'equivalente, cedé alle continue insinuazioni; la moglie sua non ne seguì l'esempio: maltrattata dal marito, fu costretta abbandonarlo e ritirarsi nei suoi stati nel Bearnese; lasciò il figlio, raccomandandogli di non abbandonare la religione della madre.

Ohimè! questo figlio doveva dire un giorno: "Parigi vale una messa".

Il massacro di Vassy aveva dato prova in qual conto dovevano tenersi le sacre promesse dei Cattolici romani: fu forza dunque adottare dai Protestanti il principio della propria difesa, ma nei termini della pura difesa, e limitandosi a questa, essi ebber bisogno chiedere aiuto ai Protestanti della Svizzera e della Germania; il ricorrere a questa necessità i nemici della Riforma ne formulano un atto d'accusa per tradimento contro la patria. Ai Cattolici francesi era permesso domandare soccorso ai Cattolici della Spagna e della Savoia, ma ai Protestanti francesi era imputato a delitto il rivolgersi ai loro fratelli di fede della Svizzera e della Alemagna; quando si condanna Cristo e il Vangelo, come aspettarsi giustizia e imparzialità!

I Protestanti ed i Cattolici, non ostante l'editto del gennaio, vivevano in continui dissapori fra loro: l'assedio e la presa di Rouen, la battaglia di Dreux, aveva lasciati incerti chi dei due, o protestanti o cattolici avessero avuto il disopra; a Parigi per un momento si temé della vittoria dei Protestanti, a talché la regina madre, la crudele Caterina de' Medici, giunse a dire: "Ebbene pregheremo Dio in francese".

In mezzo a tutte queste preoccupazioni dei due partiti, nel

maggio 1563, si propala una trista nuova, da molti mesi aspettata, il timore di una imminente morte di Calvino.

Abbiamo lasciato il Riformatore nella sua città, in Ginevra, tutto occupato, nella sua azione al di fuori di questa città. Vediamolo ora in questa sua diletta a cui egli ha recato tanta fama, e le ha fatto avere il nome di Roma protestante: se a questa grandezza è ascesa, lo deve alla sapienza di Calvino, e alla fermezza della sua fede; le sue opere ne assicurano: enumerarle tutte ci porterebbe di troppo in lungo, non possiamo però dispensarci dall'enumerare le principali e più importanti.

Primeggiano i suoi Commenti sull'Antico Testamento. Nel 1551, venne alla luce Isaia; la Genesi nel 54; nel 57, i Salmi, e nel medesimo anno Osea: nel 59, i dodici profeti minori; nel 61, Daniele; nel 63, l'Esodo, il Levitico, i Numeri, il Deuteronomio, Geremia; nel 64, Giosuè: molti di questi non sono scritti da lui, ma raccolti nelle sue pubbliche lezioni, da Carlo Jonvilliers suo segretario e da Giovanni Budé.

Come nel Nuovo Testamento, così nei Vecchio si trova semplicità, sapienza, senso pratico, verità; ma ove più di tutto il cuore di Calvino si apre e manifesta, sono i commenti sui Salmi: egli stesso ci narra il perché in questi ha mostrato maggiore scienza e diligenza: “Se la lettura dei miei commenti, dice nella sua prefazione, arreca grande avanzamento alla Chiesa di Dio, come io ho sentito in me grande profitto scrivendoli, non avrò di che pentirmi per avere intrapreso tale lavoro. Ho considerato sempre questo libro, come un'anatomia di tutte le parti dell'anima. Lo Spirito Santo vi ha ritrattato al vero tutti i dolori, le tristezze, i timori, i dubbi, le speranze, le sollecitudini, le perplessità, di più, le confuse emozioni delle quali gli uomini sogliono essere agitati. Del resto, se i lettori risentono qualche frutto e profitto da questi commenti, desidero che sappiano, che la esperienza che io ho avuta dai contrasti ai quali il Signore mi ha cimentato, abbenché non siano stati dei più grandi, mi ha non per tanto grandemente giovato".

Oltre i commenti, erano stati dati in luce molti sermoni, da lui improvvisati, ma pubblicati sotto i suoi occhi: una prima serie nel 1552 sulla lettera ai Galati, una seconda nel 1558 su due capitoli della prima lettera ai Corinti, la terza su diversi soggetti, nel 1562 cinque serie di sessantacinque discorsi sui primi tre Evangeli; e finalmente nel 63 una serie sulle due lettere a Timoteo, ed una su Giob. Questi ultimi discorsi ascesero a grande fama; il Coligny se li faceva leggere e rileggere.

Questi continui lavori logorano la vita del Riformatore; le giornaliere lezioni, la predicazione la consumano vie più. Egli se ne accorge, ma non se ne spaventa; tranquillo aspetta la morte: è troppo sicuro che "non vi è alcuna condannazione per coloro che sono in Cristo Gesù" (Rom. VIII, 1). Tutta Ginevra, nel vedere il suo Riformatore ogni giorno deperire, vive in tristo presentimento.

Calvino tranquillo continua ad occuparsi di tutto e di tutti. Un giorno, 6 Febbraio 1564, era domenica, predicava: è assalito dalla tosse; la bocca si riempie di sangue: è costretto a sospendere la predica; i medici da quel giorno gli interdicono la predicazione; egli chinò il capo e si tacque.

La malattìa diveniva più grave tutti i giorni da far temere una prossima e funesta fine: il malato avversava ogni sorta di cibo; per molti giorni non bevve che poca acqua; era assalito da atroci dolori; si lamentava, ma non mai dava segno d'impazienza. Quando i dolori erano troppo acuti, giugneva le mani, alzava gli occhi al cielo e diceva: "Signore, fino a quando berrò di questo calice?". Come stava meglio, si poneva a studiare: nel corso della malattia tradusse dal latino in francese la sua *Armonia su Moisè*, corresse la traduzione sulla Genesi, e su Giosuè e molti commenti sul Nuovo Testamento: i medici, gli amici lo rimproverano perché si applicava di troppo allo studio; egli rispondeva: "E che! Volete che quando il Maestro viene, non mi trovi vegliando?". Se un assalto di dolori lo sorprendeva nei suoi lavori, diceva: “Signore, mi taccio perché tu lo vuoi; ecco, la tua mano mi spezza, ma io soffro con pazienza la tua santa volontà”.

La malattia gli impedisce adempiere agli obblighi suoi; coscienzioso come egli è, recusa il trimestre di paga che gli vien portato: “Non l'ho guadagnato, egli dice, come accettarlo?”. Il disinteresse di Calvino è stato confessato dagli stessi suoi nemici. Pio IV quando ne seppe la morte disse: “La forza di quell'eretico è stata nel non farsi mai vincere dal danaro”.

Fino al due aprile scorrono giorni di gravi e raddoppiate sofferenze. Era il giorno di Pasqua. Egli volle assistere nel tempio alla cena del Signore. Vi si fece condurre; sente che è l'ultima volta che entra là ove per venticinque anni ha date lezioni di Santa Scrittura, e dall'alto della cattedra annunziati i consigli di Dio, e spiegata in continue conferenze vigorosa energìa per richiamare i suoi uditori al retto sentiero.

Al comparire di Calvino, gli sguardi di tutti son rivolti su lui; la meraviglia, il tristo presentimento si scorge sul volto di tutti, nel vederlo magro, smorto, sfigurato; non ha di vivace che gli occhi; tutti son convinti che è l'ultima volta che lo veggono. Fu solenne il momento in cui egli si avanza alla tavola per ricevere dalle mani del suo diletto discepolo, Teodoro Beza, i simboli che rammentano l'amore immenso del nostro Salvatore per i peccatori; nell'allungare le sue scarne mani per ricevere questi simboli, la mente si riporta a quel famoso giorno in cui quelle medesime mani coprirono quei simboli per impedire che fossero contaminati e presi da mani profane.

Prima di morire, aveva vivo desiderio di fare una visita ai Signori del Consiglio: essi però lo prevennero, e nel 27 Aprile i 25 Signori entrarono nella umile casa di Via dei Canonici: il colloquio fu pieno d'interesse; quando erano per lasciarlo disse loro: “Vi ringrazio, mi avete fatto un onore che non meritavo: mi avete sostenuto molte volte, e ne aveva bisogno. Vogliate scusarmi i molti miei difetti, che mi riguardo bene di negare. Abbiate a cuore le mie opere, e che il buon Dio sia sempre la vostra guida, vi diriga sempre e aumenti le sue grazie su voi e sul vostro popolo".

Il giorno dopo volle vedere i pastori: la Compagnia tutta vi si portò e disse loro: "Perseverate nel bene anche dopo la mia morte, e non vi perdete di coraggio: Iddio manterrà la città e la Chiesa non ostante che siano da ogni parte minacciate: state uniti; riconoscete quanti obblighi avete alla Chiesa di Ginevra nella quale Dio vi ha chiamati: chi di voi vorrà lasciarla potrà nel mondo trovare scusa, ma Dio non si lascerà burlare: rammentatevi delle mie lotte, del mio esilio, del mio ritorno: fortificatevi nella vostra vocazione, e tenetevi ben ordinati: procurate che il popolo sia obbediente alla sana dottrina: pensate alla gran responsabilità che peserebbe su voi, qualora le cose, di tanto avanzate, retrocedessero per vostra negligenza: chiedo, prima a Dio poi a voi tutti, perdono se vi ho causato qualche dispiacere": stretta a ciascuno di loro la mano, dette loro l'ultimo addio.

Pochi giorni innanzi aveva fatto il suo testamento: nella prima parte ringrazia Iddio per averlo chiamato a conoscere e a far conoscere l'Evangelo, e si lagna di non aver lavorato di più. Nella seconda parte distribuisce alle sue nepoti ed ai suoi nepoti il prodotto che si ricaverebbe dalla vendita dei suoi mobili e dei suoi libri: si realizzeranno circa L. 1,300, "tutto quello che Dio mi ha dato", egli dice: lascia in legato L. 70 al Collegio, 70 alla borsa dei poveri rifugiati: suo fratello Antonio e Lorenzo di Normandia sono nominati suoi esecutori testamentari.

Era il 2 maggio: giunge una lettera del suo amico e maestro Farel. Il venerando vecchio di 80 anni gli scrive che si parte da Neuchatel per rivederlo anche una volta su questa terra. Calvino non vuole che intraprenda il faticoso viaggio, e gli fa scrivere per distoglierlo; egli detta queste parole: "Ti saluto, buono e caro amico; e, poiché Dio ha voluto che tu sopravviva a me, rammentati della nostra costante unione il di cui frutto ci aspetta in cielo, come è stato di profitto alla Chiesa di Dio. Non voglio che tu ti affatichi per me. Appena posso respirare, e da un momento all'altro aspetto che il respiro mi manchi. Ma è molto se vivo e muoro in Cristo che è guadagno per i suoi nella vita e nella morte. Ancora un'ultima volta ti saluto e dico addio a te e a tutti i fratelli tuoi colleghi". Ma Farel era già in viaggio: polveroso, rifinito dalla stanchezza, era venuto a piede, entra nella camera del moribondo: si abbracciano; ma che cosa si dissero? Non abbiamo nessuna traccia dell'ultimo loro colloquio.

Partito Farel, il malato andava sempre peggiorando. Era il 19 Maggio, vigilia della Pentecoste: in questo giorno i pastori solevano riunirsi per rammentarsi le censure istituite da Calvino: la riunione aveva fine con un semplice e modesto desinare. Calvino volle che si preparasse in casa sua, e, quando tutto fu pronto, si fece condurre nella sala. "Miei fratelli, egli disse, è l'ultima volta che io vi veggo": fece a stento la preghiera; non potendo più godere della loro buona compagnia si fece ricondurre in camera e si pose a letto; i giorni che susseguirono furono una continua preghiera: a poco a poco le preghiere non erano che gemiti e sospiri: il 27 maggio parve che parlasse con maggiore energìa; ma non era che uno sforzo della natura: la sera alle 8 spirò, pronunziando a mezzo le parole di S. Paolo. "Le sofferenze del tempo presente non sono punto ad agguagliare alla gloria che sarà manifestata inverso noi" (Rom. VIII, 18). Aveva vissuto 52 anni, un mese e 13 giorni.

Le strade di Ginevra risuonavano di questa voce: "Calvino è morto": il lutto fu generale; la Chiesa aveva perduto il suo capo, lo stato il suo primo cittadino, e, dopo Dio, il suo più sincero protettore.

Il giorno dopo, i signori di Ginevra, i Pastori, tutta la città, seguirono la spenta salma di Calvino: il suo corpo fu reso alla terra: nessuna memoria indicò il luogo ove fu posto: non ve ne era bisogno, tutta Ginevra attestava che Calvino era in quella città. La sola memoria che gli atti officiali abbiano di lui, si legge di fronte al suo nome, nel registro del Concistoro con queste parole: "Andato a Dio sabato"; la sola memoria degna di lui è tutta la vecchia Ginevra, che per lui ascese al principato della Riforma del XVI secolo.

CONCLUSIONE

È la prima volta, dopo 300 anni e più, che si è pubblicata in italiano la vita di Lutero e di Calvino: l'anatema della Chiesa di Roma colpiva l'autore e il tipografo che avrebbero ardito darla alla luce e metterla alle stampe: e non a caso Roma fulminava la sua scomunica, e faceva di tutto perché il popolo non sapesse che quei due riformatori non erano diavoli come essa li dipingeva; non vi voleva altro che la liberazione dell'Italia dal papato perché si potesse, senza timore di prigionìa e peggio, pubblicare la vita dei due riformatori della Germania e della Francia.

Ora il popolo italiano da se stesso è in grado di giudicare se que' due uomini del secolo XVI meritano le atroci accuse e le villane ingiurie di cui sono stati fatti segno dai furibondi sostenitori del Prete di Roma; da se stesso può giudicare qual fu il vero movente che li spinse ad insorgere contro gli errori della Chiesa romana, da se stesso può vedere se questi due riformatori vollero distrutta la religione, o piuttosto liberare le coscienze dalla tirannìa del papa e del prete, e purgare il Cristianesimo da tutte le sozzure di cui quella Chiesa lo aveva deturpato.

Dal compendio della vita dei due riformatori ognuno può conoscere, se cresciuti, educati ed ammaestrati come essi erano nelle dottrine della Chiesa di Roma, l'uno frate e l'altro cappellano, potevano continuare a restarvi, dopo aver letta, studiata e meditata la Santa Scrittura, e dopo essersi convinti, accertati, assicurati, che le dottrine imparate dalla Chiesa romana erano in aperta, in colpevole opposizione con la Parola di Dio.

Ora ad ognuno è concesso di vedere a luce meridiana, se le millantate diversità di fede fra Luterani e Calvinisti, o come dice la Chiesa di Roma, fra i Protestanti, realmente, veramente sussistono, o se con inaudita malizia dai nemici della Riforma voglion farsi credere sussistere, o se al contrario esiste il più perfetto accordo nella fede: e se vi ha qualche differenza, è minima, non importante a Salute e tutta verte nella forma o costituzione della Chiesa.

E infatti Lutero e Calvino, e così i Protestanti, gli Evangelici ritengono, il Simbolo Apostolico, la Bibbia, tutta la Bibbia, la sola Bibbia per regola di fede, quindi rigettano i Libri Apocrifi che il Concilio di Trento dichiarò canonici a sostegno dei propri errori, non sulla concorde opinione dei santi Padri, ma a dispetto dei santi Padri: condannano la adorazione e culto dei santi e delle immagini, il primato del papa, la di lui infallibilità e quella dei concili, la messa, e la confessione auricolare: ritengono che fra l'uomo e Dio non vi è che un solo ed unico Mediatore Cristo Gesù; che siamo salvati per grazia e non per opere, le quali non servono che a mostrare se la nostra fede è operante per carità; che ogni uomo riceve dallo Spirito Santo quella luce che gli abbisogna per intendere la Scrittura, e non ammettono, anzi escludono, come maliziosamente pretendono i preti ed i papisti, che ognuno possa storcere a lor proprio talento le principali verità che la Scrittura stabilisce, quindi non ritengono per cristiani coloro che negano la Trinità, la nascita di Cristo dalla Vergine, la di lui divinità, e che da lui e per lui solo non si ottenga la nostra salvazione; coloro che ritengono il Vangelo per un ammasso di miti, negando così i miracoli di Gesù Cristo, coloro che vogliono tutto sottoporre alla ragione. I Protestanti e gli Evangelici hanno due soli sacramenti, il Battesimo e la Cena, negando che il pane ed il vino per transustanziazione divengano corpo e sangue di Cristo.

Sopra questo sacramento le opinioni di Lutero e Calvino divergono un poco, e forse questa loro diversità d'opinione dipende dal modo con cui l'uno e l'altro furono chiamati a staccarsi dalla Chiesa di Roma. Lo abbiamo veduto nella vita di Lutero. Egli a mano a mano che studia la Scrittura viene illuminato e si convince degli errori della Chiesa che lo ha ammaestrato: e vorrebbe riformare la Chiesa con la Chiesa: ma al contrario Calvino, appena getta gli occhi sulle sacre pagine, e un poco vi si addentra, riconosce nella Chiesa di Roma il Serpente che tentò la donna, e si persuade che niuna transazione può sussistere con tal nemico; o seguirlo, o abbatterlo: e Calvino lo abbatte con un sol colpo, mentre Lutero lo fa con colpi in più e diversi tempi ammenati. Di qui probabilmente la differenza di opinioni sulla Cena: ma però amendue sono pienamente concordi per escludere la transustanziazione, e ritenere che, finita la Cena, il pane è sempre pane, il vino è sempre vino, e che ne l'uno né l'altro meritano adorazione.

Ecco la diversità di opinione sulla Cena. Lutero crede che nell'atto in cui il fedele fa la commemorazione della morte del Signore, e mangia il pane e beve il vino, questi si transustanzino in corpo e sangue di Cristo, ma che gli avanzi della comunione, restino pane e vino, e vuole che sieno dati ai poveri. Calvino crede che il fedele mentre prende la Cena, spiritualmente riceve il corpo e sangue di Cristo, di cui il pane e vino sono i simboli: ognuno scorge che la diversità di opinione è così astratta che difficilmente può determinarsene ed apprezzarsene il valore.

Lutero e Calvino, i Protestanti e gli Evangelici credono che il capo della Chiesa è Cristo Dio, e che sarebbe un fargli onta se gli si dasse un vicario, un rappresentante sulla terra, e ammettono che alla direzione della Chiesa come alla predicazione del Vangelo, Dio fa sorgere alcuni Apostoli, altri profeti, altri dottori.

Eccoti adunque, o popolo italiano, in grado di conoscere la dottrina e le opere dei due riformatori che Dio ha fatti nascere per purgare la sua Chiesa dagli errori del Romanesimo, e abbattere la potenza del Belial di Roma.

Italiani! Se Ginevra ha vissuto e vive ancora libera e indipendente, dopo Dio, l'onore ne è tutto di Calvino: l'amore per la Parola di Dio, la coscienziosa osservanza dei precetti evangelici, lo abbandono di tutti quanti gli errori e le superstizioni della Chiesa di Roma, una condotta morigerata, la obbedienza alle leggi, ecco quello che Calvino ha con tenace insistenza richiesto e voluto, ecco quello che ha salvato e mantenuto Ginevra nella libertà. Fino a che non prenderemo a nostra unica guida la Parola di Dio, fino a che non seguiremo gli ammaestramenti di Calvino, appoggiati sulla pietra che è Cristo, e presi dal Vangelo, non saremo mai né forti né liberi, ne potremo scancellare dalla storia la nefasta giornata di Mentana; rammentiamoci e sieno scolpite nella nostra mente e nel nostro cuore queste parole di Calvino: Roma o Cristo: non possiamo servire a due padroni; Roma è Belial.

Indice

ANDREANI

Circolo Culturale Anticonformista

I Quaderni del Circolo

P. J. Stahl – La piccola principessa Ilsea.

Christoph von Schmid – Antonio ovvero l'orfano di Firenze.

Monsignor Bougaud – Il Dolore.

Mons. Mario Minneo Janny – L'Eucaristia e il Papato.

Onorato Tavazzi – Mont Blanc. Carnet de chasse.

Carlo Pisacane – La Rivoluzione.

Albano Sorbelli – Carducci e Oberdan. 1882 – 1916.

Gabriele D'Annunzio – Per la più grande Italia.

Girolamo Agapito – Descrizione della fedelissima città e porto-franco di Trieste.

Emma Goldman – Ciò che io credo.

Gabriele D'Annunzio – Terra vergine.

Opera Nazionale Pro Oriente – Il Pane. Temi premiati nel Concorso Nazionale per la Celebrazione del Pane. 1928 – VI.

www.ingramcontent.com/pod-product-compliance
Ingram Content Group UK Ltd.
Pitfield, Milton Keynes, MK11 3LW, UK
UKHW020127250726
13967UKWH00002B/516